被害者学の現在地

被害者支援のこれまでとこれから

齋藤　実
矢野恵美
編著

法律文化社

はじめに——「被害者学の現在地」から見える日本の犯罪被害者支援

　日本の犯罪被害者支援は、徐々に前進してきた。その前進の経緯にはいくつもの出来事があるが、その中でも重要なものが2004（平成16）年の「犯罪被害者等基本法」の制定である。同法は、日本で初めて犯罪被害者の「権利」を正面から認めた。また、同法で規定された「犯罪被害者等基本計画」を通じて様々な施策が講じられてきた。同法の制定により、地方公共団体や民間支援団体による犯罪被害者支援も大きく進んだ。

　他方で、日本の犯罪被害者支援が、まだ道半ばであることも否定できない。2023（令和5）年6月、犯罪被害者等施策推進会議では犯罪被害者支援に関する5つの課題を提示し、その解決策を探り始めた。これらの課題には、解決のための方向性が見え始めたものの、まだ解決自体はできていない。また、これらの5つの課題以外にも、解決すべき様々な課題が山積する。

　このように、現在の日本の犯罪被害者支援は一定の前進をしつつ、未だに解決すべき課題が多く残っている状況にある。

　誰もが犯罪の被害に遭遇する可能性がある。そのため、いかなる犯罪被害者支援を講じるかは、私たち一人ひとりに直接関わる問題である。誰かが犯罪被害に遭った時に、その人だけに損害の負担をさせることは不平等である。犯罪被害に遭った人の負担を社会が可能な限り分担し、その人が元の生活に戻るために最大限の配慮をすることが必要であろう。元の生活に戻るために、どのようなセーフティーネットを持つ社会にするかを考えることが、被害者学の役割である。

　本書は、被害者学が現時点でどこまで理想を実現できているのか、その「現在地」を確認した。その上で、「現在地」から理想をどこまで実現できるのか、将来像を展望することも試みた。

　また、本書は、「被害者学の現在地」とした。被害者学は理論的な学問であるとともに、犯罪被害者支援に実際に貢献し、初めて意味をなす実践的な学問である。本書では、このような思いを込めて「被害者学」という名称を使い、

i

実践的な犯罪被害者支援への言及をすることにも挑戦をした。

　現在、犯罪被害者支援は大きな社会的な関心事となっている。このような犯罪被害者への支援が大きな波を迎えようとしている時期に、研究者や実務家のみならず、法科大学院生、大学生、高校生あるいは社会人の方々に本書を手に取っていただき、「被害者学の現在地」を知っていただくとともに、これからの在り方を考えていただくきっかけを少しでも作ることができればと考え、本書を出版することにした。

　なお、執筆者は、犯罪被害者支援に深く関りを持つ研究者及び弁護士で構成されている。執筆者の中には、それぞれが担当するテーマに関する政府の検討会等のメンバーが多く含まれている。もっとも、執筆内容はそれぞれの執筆者の意見であり、各検討会等の意見ではないことを念のため申し添える。

　最後に、本書の出版に至るまでに、法律文化社の舟木和久氏には大変なご尽力をいただいた。舟木氏がいらっしゃらなければ、本書が世に出ることはなく、私たち執筆者の一人であるといっても過言ではない。執筆者一同を代表して、心から感謝申し上げたい。

　2024年11月

執筆者を代表して

齋藤　　実
矢野　恵美

【追記】

本書は、日本学術振興会 科学研究費助成事業 基盤研究（B）「犯罪被害者支援に関する法制度等の総合的研究」（研究代表者：齋藤実、21H00675）同「児童虐待・DVにおける暴力の継続性に着目した対応（犯罪化）に関する多角的研究」（研究代表者：矢野恵美、23K25116）の研究成果の一部である。

目　次

はじめに──「被害者学の現在地」から見える日本の犯罪被害者支援

序章　犯罪被害者等への支援の歩みと被害者学の現在地……………………………………齋藤　実　1

- **I** 犯罪被害者等への支援の歩み　1
- **II** 被害者学の現在地──本書で扱う内容　5
- **III** 被害者学について　9

第1部　近年の被害者支援をめぐる動向

第1章　国による犯罪被害者等への弁護士制度…黒井　新　12

- **I** 本章のポイント　12
- **II** 犯罪被害者支援弁護士制度制定までの経緯　12
- **III** 犯罪被害者支援弁護士制度の概要　17
- **IV** 今後の課題と展望　18

第2章　刑事手続における犯罪被害者の氏名等の情報の保護…………………………吉沢　徹　21

- **I** 本章のポイント　21
- **II** 上記各制度制定までの経緯　21
- **III** 被害者の氏名等の情報を保護する諸制度の概要　26
- **IV** 今後の課題と展望　29

第3章 犯罪被害者等の立場から見た保釈制度…天野　康代　31

- **I** 本章のポイント　31
- **II** 令和5年改正までの経緯　32
- **III** 令和5年改正による制度の内容　34
- **IV** 今後の課題と展望　40

第4章 運用を開始した「刑の執行段階等における
被害者等の心情等の聴取・伝達制度」の
現状と今後の展望……………………齋藤　実　42

- **I** 本章のポイント　42
- **II** 制定の経緯　43
- **III** 心情等伝達制度の概要及び現状　45
- **IV** 心情等伝達制度の今後の展望　48
- **V** 心情等伝達制度が期待に応える制度となるために　51

第5章 民事執行法改正後の財産状況調査と
損害賠償請求の実効化…………………町村　泰貴　53

- **I** 本章のポイント　53
- **II** 債務者の財産開示制度制定までの経緯　54
- **III** 財産状況調査制度の概要　58
- **IV** 今後の課題と展望　60

第6章 犯罪被害者給付制度の今後
――国による立替払制度を求める日弁連意見書を中心に
………………………………………高橋みどり　62

- **I** 求められる新たな補償制度　62
- **II** 犯罪被害者給付制度の創設とその後の改正等の動き　62
- **III** 本制度の概要　65
- **IV** 今後の課題と展望　69

第7章 犯罪被害者等支援条例の現状とこれから
………………………………北條　正崇　74

- **I** 本章のポイント　74
- **II** 犯罪被害者等支援条例とは　74
- **III** 条例の意義　75
- **IV** 条例の制定状況　76
- **V** 条例の内容　77
- **VI** 支援金制度　80
- **VII** 条例制定の効果　81
- **VIII** 課題と展望　82

第8章 民間支援団体の現状と課題
──被害者支援センターとワンストップ支援センターを中心に
………………………………齋藤　実　84

- **I** 本章のポイント　84
- **II** 被害者支援センターの現状と課題　85
- **III** ワンストップ支援センターの現状と課題　88

第9章 2023（令和5）年性犯罪規定の改正……長谷川桂子　93

- **I** 本章のポイント　93
- **II** 令和5年性犯罪規定改正までの経緯　94
- **III** 令和5年改正の概要　97
- **IV** 今後の課題と展望　107

第10章 DV防止法の到達点──2024年改正を踏まえて
………………………………松村　歌子　109

- **I** 本章のポイント　109
- **II** DV防止法制定までの経緯　110
- **III** DV防止法の概要　112
- **IV** DV防止法の課題と展望　115

第2部　被害者支援の理論と展望

第1章　犯罪被害者給付金制度における家族像
――遺族給付金の支給対象をめぐる最高裁判決を手がかりに
.... 立石　直子　122

- **I** 犯罪被害者の実態と犯罪被害者給付金制度　122
- **II** 犯罪被害者給付金をめぐる裁判　125
- **III** 自治体における見舞金制度等　127
- **IV** 改正動向と今後の課題　129

第2章　被害者参加制度の本質と
被害者支援弁護士の重要性 .... 番　敦子　131

- **I** 本章の目的　131
- **II** 被害者の権利と支援弁護士の活動のはじまり　132
- **III** 支援弁護士の活動の広まりと犯罪被害者等基本法の制定　133
- **IV** 被害者参加制度の創設　134
- **V** 被害者参加制度の今日的課題　138
- **VI** 支援弁護士の活動のさらなる重要性　140

第3章　北欧の犯罪被害者等への支援施策から学ぶこと
――国による犯罪被害者等への経済的支援（北欧における
補償制度、特にフィンランドの補償制度）を中心に
.... 齋藤　実　142

- **I** 日本の犯罪被害者等支援施策の課題　142
- **II** 北欧の犯罪被害者等への支援施策　143
- **III** 北欧での国による犯罪被害者等への経済的支援について　145
- **IV** 検討会での「立替払制度」に関する議論　148
- **V** 北欧から学ぶこと　151

第**4**章　犯罪被害者庁の存在意義
　　　　──スウェーデンにおける犯罪被害者庁設立の
　　　　　経緯とその活動から考える ………………… 矢野　恵美　153

　Ⅰ　本章のポイント　153
　Ⅱ　犯罪被害者庁設立以前　154
　Ⅲ　犯罪被害者庁設立　157
　Ⅳ　犯罪被害者庁の任務　158
　Ⅴ　新たな動きと課題　163
　Ⅵ　犯罪被害者庁の必要性　164

第**5**章　日弁連犯罪被害者支援委員会の歩みと
　　　　これからの展望 ………………………………… 合間　　利　166

　Ⅰ　本章について　166
　Ⅱ　犯罪被害者支援委員会の歩み　167
　Ⅲ　これからの展望　175

第**6**章　犯罪被害者支援の「これまで」と「これから」
　　　　──日本弁護士連合会の活動を中心として ….. 有田　佳秀　178

　Ⅰ　犯罪被害者支援のこれまで　178
　Ⅱ　2017（平成29）年時点の状況と課題　179
　Ⅲ　その後、現在(2024(令和6)年6月)までの進展と残されている課題、問題　182
　Ⅳ　犯罪被害者支援のこれから　185
　Ⅴ　犯罪被害者庁について　186

第**7**章　あすの会の歩みとこれからの展望
　　　　 ……………………… 岡村　　勲、米田　龍玄　189

　Ⅰ　全国犯罪被害者の会（あすの会）の設立　189
　Ⅱ　旧来の日本の刑事司法の実態　190
　Ⅲ　改　革　191
　Ⅳ　新全国犯罪被害者の会（新あすの会）の再結成　194

おわりに──「被害者学の現在地」と北欧の犯罪被害者支援
索　　引

序 章	犯罪被害者等への支援の歩みと
	被害者学の現在地

齋藤　　実

Ⅰ　犯罪被害者等への支援の歩み

1　犯罪被害者等給付金支給法の制定とその後

　日本の犯罪被害者等（家族や遺族が含まれることから「等」と呼ぶ。犯罪被害者等基本法2条2項参照。）への支援の歩みは、必ずしも順調なものではなかった。犯罪被害者等への支援の歩みの指標の1つとなる国による経済的支援をみても、古くからその必要性が叫ばれたにもかかわらず[1]、犯罪被害者等給付金支給法（昭和55年法律第36号、以下「犯給法[2]」。）が制定されたのは1980（昭和55）年であった。当時の世界の状況を見渡すと、ニュージーランドでは、1963年に世界初の犯罪被害者等に対する経済的支援制度である「犯罪被害補償法」が制定された。同様の制度は、60年代には英語圏諸国を中心に広まり、70年代にはヨーロッパ諸国を中心に法制度化が進んだ。日本の犯罪被害者等への支援施策は、欧米諸国から20年近く遅れてしまったことになる。

　犯給法が制定された後、再び、日本の犯罪被害者等への支援法制度の進みは遅くなる。その中で、変化の兆しが見え始めたのは、2000（平成12）年のいわゆる犯罪被害者保護二法（「二法」とは、「刑事訴訟法及び検察審査会法の一部を改正する法律」（平成12年法律第74号）と「犯罪被害者等の保護を図るための刑事手続に付

1　牧野英一「犯罪被害者に対する賠償の実際的方法」法学協会雑誌（1904年）94-107頁、齋藤実「犯罪被害者への経済的支援に関する牧野英一説の検証──『刑法における賠償問題』の検討」琉大法学第105号（2022年）5-17頁。

2　同法は度重なる改正を経て現在の名称は「犯罪被害者等給付金の支給等による犯罪被害者等の支援に関する法律」となっている。

随する措置に関する法律」（平成12年法律第75号、いわゆる「被害者保護法」）の２つを指す。）の制定である。同法の制定により、付添い人制度（刑訴法157条の２）、遮へい措置（同法157条の３）、ビデオリンク方式（同法157条の４）が定められた。また、犯罪被害者等が被害に関する心情その他の意見を公判期日において陳述する意見陳述（同法292条の２）も定められた。

　もっとも、犯罪被害者保護二法も、刑事裁判での犯罪被害者等をあくまでも「証人」として扱うものであった。犯罪被害者は事件の「当事者」であるにもかかわらず、刑事裁判では当事者として扱われなかった。また、犯罪被害者等に「権利」を認めるものでもなかった。

　さらに言えば、犯罪被害者保護二法の制定などにより、刑事裁判における犯罪被害者等の地位には関心は集まるようになったものの、それ以外の犯罪被害者等への支援は不十分だったと言わざるを得ない。

　すなわち、加害者への損害賠償請求の実効性がほとんどないにもかかわらず、犯給法ではそれを補うほどの経済的支援には及ばず、犯罪被害者等への経済的支援は極めて不十分であった。また、地方公共団体に目を転じても、犯罪被害者等への支援施策に積極的に乗り出している地方公共団体はほとんどなく、1999（平成11）年、埼玉県嵐山町が全国で初めて「犯罪被害者等支援条例」（いわゆる特化条例）を成立したところであった。さらに、民間団体についても、1998（平成10）年に全国被害者支援ネットワークが設立され、1999（平成11）年に日本弁護士連合会（以下「日弁連」という。）犯罪被害者支援員会やあすの会が設立されたところであり、これらの団体についても黎明期ともいえる時期であった。

2　犯罪被害者等基本法の制定とその後

　このような状況を大きく変えたのは、2004（平成16）年に制定された犯罪被害者等基本法（平成16年法律第61号）であった。同法の前文は、犯罪被害者等のための施策の基本理念を明らかにし、国、地方公共団体及びその他の関係機関並びに民間の団体の連携の下、その施策を総合的かつ計画的に推進するとしている。

　同法では、犯罪被害者等の「権利」（３条１項）を謳うとともに、11条から23

条まで13条に及ぶ犯罪被害者等施策の基本理念を定めた。同法の制定を受けて、犯罪被害者等施策推進会議（24条以下）が設置され、同会議で作成される犯罪被害者等基本計画で施策を総合的かつ計画的に推進している。現在は、2021（令和3）年に策定された第4次犯罪被害者等基本計画の下、施策が進められている。

　犯罪被害者等基本計画に掲げられた施策は、日本の被害者支援施策を考えるうえで重要なものが多く含まれている。例えば、2005（平成17）年に定められた第1次犯罪被害者等基本計画を受けて、犯罪被害者等の権利利益の保護を図るための刑事訴訟法等の一部を改正する法律（平成19年法律第95号）が制定された。この中で、被害者参加（刑訴法316条の33～39）、損害賠償命令（犯罪被害者等の権利利益の保護を図るための刑事手続に付随する措置に関する法律17条～34条）などが導入された。

　犯罪被害者等基本法では、地方公共団体の責務も規定された（5条）。そのことも一因となり、少しずつ犯罪被害者等支援条例も制定されていった。加えて、1つの犯罪の犯罪被害者等が広域にわたる事件が相次いだこともあり、地方公共団体の犯罪被害者支援には地域格差があることが如実になり、犯罪被害者等支援条例が整備されつつある。[4]

　さらに、民間団体についても、2009（平成21）年には全ての都道府県に被害者支援センターが設置された。2015（平成27）年には犯罪被害者等早期援助団体（犯給法23条）の指定を受けた被害者支援センターが全ての都道府県に設置された。[5]また、日弁連被害者支援委員会やあすの会（2022（令和4）年には「新あすの会」として再結成された）は、犯罪被害者等への支援に関して積極的な活動をしている。

3　2019（令和元）年7月18日に発生した京都アニメーション放火殺人事件、2021（令和3）年12月17日に発生した北新地ビル放火殺人事件などを契機に、犯罪被害者支援条例に地域格差があることが広く知られることとなった。

4　国家公安委員会・警察庁編『令和6年版　犯罪被害者白書』（2024年）201頁によると、47都道府県中46に、20政令指定都市中16に、いわゆる特化条例が制定されている（2024年4月1日現在）。もっとも、1721市区町村の中で特化条例で制定している市区町村は847に過ぎない。

5　https://www.nnvs.org/network/history/（最終閲覧：2024年7月16日）。

3　犯罪被害者等支援施策の課題

　犯罪被害者等への支援施策は一定の進歩があるものの、犯罪被害者等基本法が制定され20年が経過しても、依然として残る課題は少なくない。

　一例をあげれば、国による経済的支援では犯罪被害者等給付金の支給金額が低く、犯罪被害者等への経済的支援としては不十分である。また、犯罪被害者等を支援する国選の弁護士制度としては、被害者参加弁護士制度があるのみで、それ以外の場合には国費による弁護士制度はない。事件早期に弁護士が選任される必要があり、また、刑事事件終了後も弁護士による支援が考えられてよい。さらに、犯罪被害者等への支援の所轄官庁を見ると、それに関わる官庁は8庁[6]あるものの、犯罪被害者等への支援のための「司令塔」として強いリーダーシップを発揮する官庁が存在しない。犯罪被害者支援政策に乗り出す地方公共団体も増えてきたが、特に市区町村を中心として依然として地域格差が存在し、その格差は解消されていない。被害者支援センターやワンストップ支援センターなどの民間団体に目を転ずると、各地で熱心に取り組んでいるものの、経済的な基盤は脆弱であり、多くの団体が赤字で運営をせざるを得ない状況にある[7]。

　これらは、犯罪被害者等への支援の課題の一例であるが、このように様々な課題が出てくる。

　日本の犯罪被害者等への支援施策が様々な課題をかかえる中で、2023（令和5）年6月第16回犯罪被害者等施策推進会議では犯罪被害者等支援施策の課題を提示し、①犯罪被害給付制度の抜本的強化に関する検討、②犯罪被害者等支援弁護士制度の創設、③国による司令塔機能の強化、④地方における途切れない支援の提供体制の強化、⑤犯罪被害者等のための制度の拡充を喫緊に解決すべき課題とした[8]。

6　政府が関与する犯罪被害者等に関する相談先として、警察庁、内閣府、こども家庭庁、総務省、法務省、文部科学省、厚生労働省さらに国土交通省がある（国家公安委員会・警察庁編『令和6年版　犯罪被害者白書』（2024年）199頁）。

7　日本経済新聞（朝刊）2022（令和4）年9月5日では、「犯罪被害者支援資金も人も不足」と題し、「20年度決算で全国に48あるセンターの約3割に当たる14団体が赤字に陥っている」と報じている。

8　https://www.npa.go.jp/hanzaihigai/keikaku/suishin/kaigi/16th.html（最終閲覧：2024年

4　犯罪被害者等施策推進会議における課題への対策

　犯罪被害者等施策推進会議における課題への対策として、検討会等が立ち上がり、幾つかの取りまとめなども行われている。①犯罪被害給付制度の抜本的強化に関する検討については、「犯罪被害給付制度の抜本的強化に関する検討会」が開催され、2024（令和6）年4月に取りまとめが行われた。②犯罪被害者等支援弁護士制度の創設については、「犯罪被害者支援弁護士制度」の創設を規定した総合法律支援法の改正法が2024（令和6）年4月18日に成立した。③国による司令塔機能の強化については、警察庁の司令塔機能を強化する2023（令和5）年10月1日に、同庁「犯罪被害者支援室」を「犯罪被害者等施策推進課」に格上げし、担当職員を27人から30人に増員するなどしている。④地方における途切れない支援の提供体制の強化については、「地方における途切れない支援の提供体制の強化に関する有識者検討会」が開催され、2024（令和6）年4月に取りまとめが行われた。

Ⅱ　被害者学の現在地——本書で扱う内容

1　本書の趣旨

　日本の犯罪被害者等支援施策は様々な課題を抱えつつも、前進しようとしており、犯罪被害者等施策推進会議でも課題への解決策を示し始めている。そこで今必要とされていることは、これまでの犯罪被害者等支援施策を振り返り整理したうえで、今後の施策を検討することである。本書では、「現在地」から

　7月27日）。

9　chrome-extension://efaidnbmnnnibpcajpcglclefindmkaj/https://www.npa.go.jp/hanzaihigai/
　meeting/kyufu_kyouka/kaisai/s_zenbun.pdf（最終閲覧：2024年5月6日）。

10　https://mainichi.jp/articles/20230924/k00/00m/040/084000c#:~:text=%E8%AD%A6%E5
　%AF%9F%E5%BA%81%E3%81%AF26%E6%97%A5,%E3%81%AE%E5%83%8D%E3%81%8
　D%E3%81%8B%E3%81%91%E3%82%92%E5%BC%B7%E5%8C%96%E3%81%99%E3%82%8
　B%E3%80%82（最終閲覧：2024年5月6日）。同記事は、2024（令和6）年度の増員要求が
　認められれば、2024（令和6）年度からさらに10人増員させる可能性があるとする。

11　chrome-extension://efaidnbmnnnibpcajpcglclefindmkaj/https://www.npa.go.jp/hanzaihigai/
　meeting/local_kyouka/kaisai/s_zenbun.pdf（最終閲覧：2024年5月6日）。

見えるこれまでの被害者学、犯罪被害者等支援施策と、「現在地」から見える
これからの被害者学、犯罪被害者支援施策を俯瞰したいと考えている。この趣
旨を明確にするために、サブタイトルを「被害者支援のこれまでとこれから」
とした。

　本書は、大きく2部に分けており、第1部で、現時点まで前進してきた犯罪
被害者等への支援施策の「現在地」を確認し、様々な課題に対してどのような
施策を講じてきたかを紹介した。また、第2部では、「現在地」から、今後考
えるべき犯罪被害者等支援施策を展望した。

2　本書の概要

（1）第1部について

　第1章は、「国による犯罪被害者等への弁護士制度」と題して、犯罪被害者
支援弁護士制度を扱う。従来、国による犯罪被害者等への弁護士制度は、国選
被害者参加弁護士制度のみであったが、事件直後から様々な困難を抱える犯罪
被害者等への支援としては不十分であった。そのような中「犯罪被害者支援弁
護士制度」が導入されることとなった。本章では、創設に至る経緯やその制度
の概要、そして、今後の課題と展望を論じる。

　刑事手続における犯罪被害者等の氏名等の情報の保護の必要性が叫ばれて久
しい。第2章は「刑事手続における犯罪被害者の氏名等の情報の保護」と題し
て、「被害者等特定事項秘匿制度」（2007年）及び「個人特定事項秘匿制度」
（2023年）を中心にして、制定の経緯、概要及び今後の課題と展望について論じ
る。

　第3章は「犯罪被害者等の立場から見た保釈制度」と題して、保釈制度を扱
う。2023（令和5）年、被告人の逃亡防止のための方策として保釈制度に関し
刑事訴訟法が改正された。近年保釈率が上がる一方、保釈の取消しも増えてお
り、被告人が保釈後に逃亡した場合には犯罪被害者等への不安は大きい。そこ
で、保釈制度について、犯罪被害者等の立場から検討をした。

　第4章は、「運用を開始した『刑の執行段階等における被害者等の心情等の
聴取・伝達制度』の現状と今後の展望」と題して、刑の執行段階の心情等伝達
制度を扱う。2023（令和5）年12月より、刑務所や少年院にいる加害者に対し

て、犯罪被害者等が自らの心情等を伝える心情等伝達制度が始まった。犯罪被害者等の支援となる制度であるものの、課題も少なくない。本章は、同制度の意義と課題について論じる。

第5章は「民事執行法改正後の財産状況調査と損害賠償請求の実効化」と題して、民事執行法上の財産開示手続を扱う。2003（平成15）年の財産開示手続導入に関する経緯とその限界を説明したうえで、2020（令和2）年の第三者からの情報取得を含む財産開示手続を検討し、犯罪被害者等の加害者に対する損害賠償請求を通じて被害救済を図る制度の課題と展望を検討する。

第6章は「犯罪被害者給付制度の今後——国による立替払制度を求める日弁連意見書を中心に」と題して、犯罪被害者給付制度の検討を行う。国は、犯罪被害者等の経済的被害回復のため1980（昭和55）年に創設した犯罪被害者給付制度を、改正を加えながら運用してきた。もっとも、本制度に対する反対の声も増えてきている。そこで、創設からの経緯を概観し、現状の課題を踏まえて発出された日弁連の意見書を紹介し新たな制度の創設を提案する。

第7章は「犯罪被害者等支援条例の現状とこれから」と題して、犯罪被害者等支援条例を扱う。現在、地方自治体は、犯罪被害者等支援に大きな役割を果たしている。地方自治体の支援を安定的かつ継続的に行うためには、犯罪被害者等支援条例の制定が重要である。そこで、本章では、犯罪被害者等支援条例の意義、制定状況、内容、支援金制度、効果、課題と展望などについて論じる。

第8章は、「民間支援団体の現状と課題——被害者支援センターとワンストップ支援センターを中心に」と題して、民間支援団体の活動を扱う。いずれも日本の犯罪被害者等支援には欠かすことのできない存在であるが、他方で、財政難など抱える課題も少なくない。そこで、それぞれの現状と課題を紹介する。

第9章は「2023（令和5）年性犯罪規定の改正」と題して、近時の性犯罪規定の改正を扱う。性犯罪規定は、2017（平成29）年に改正されたが、犯罪被害者等の立場からは幾つかの重要論点の改正が見送られた。そこで、2023年改正について、改正等までの経緯、改正等の概要と評価、今後の課題と展望について論じる。

第10章は「DV防止法の到達点——2024年改正を踏まえて」と題して、DV

防止法制定までの経緯や同法の概要を踏まえて、今後の課題について考察する。今後の課題として、保護命令の改正を訴えるとともに、さらなる被害者を増やさないために加害者（更生）プログラムの重要性について検討を加える。

（2）第2部について

第1章は「犯罪被害者給付金制度における家族像——遺族給付金の支給対象をめぐる最高裁判決を手がかりに」と題して、犯罪被害者給付制度を家族法の観点から検討する。同制度の意義については、様々に論じられているところであるが、同性パートナーを犯罪被害者等給付金の支給対象と認めた2024（令和6）年3月26日の最高裁判決を手がかりに、同制度の意義をあらためて確認する。

第2章は「被害者参加制度の本質と被害者支援弁護士の重要性」と題して、被害者参加制度が生まれた経緯並びにその本質及び趣旨を再確認する。あわせて、同制度における支援弁護士の活動を振り返り、改めて、被害者参加弁護士の役割の重要性を確認する。

第3章は「北欧の犯罪被害者等への支援施策から学ぶこと——国による犯罪被害者等への経済的支援（北欧における補償制度、特にフィンランドの補償制度）を中心に」と題して、北欧の犯罪被害者等への支援施策を扱う。現在、被害者学の分野では、北欧諸国の施策が注目を浴びつつある。日本の被害者支援を考える際に、現在、北欧は欠かすことのできない比較対象国である。そこで、北欧諸国の施策を整理し、補償法制度を中心に論じる。

第4章は「犯罪被害者庁の存在意義——スウェーデンにおける犯罪被害者庁設立の経緯とその活動から考える」と題して、最新状況を織り交ぜながら犯罪被害者庁の存在意義を考察する。北欧の施策の中でも特筆すべきは、犯罪被害者庁が存在することである。日弁連や新あすの会などでも、同庁の存在に注目している。今後、司令塔機関として日本に犯罪被害者庁を設立するかが問われている。そこで、スウェーデンの犯罪被害者庁について、改めて存在意義を考える。

日弁連の犯罪被害者支援委員会は、一般の方にはわかりにくい。そこで第5章では「日弁連犯罪被害者支援委員会の歩みとこれからの展望」と題して、本委員会がどのように犯罪被害者支援に関わり、どのような活動を行ってきたのか、

そしてこれからどのようなことを目指していきたいのかについて、紹介する。

第6章は「犯罪被害者支援の「これまで」と「これから」——日本弁護士連合会の活動を中心として」と題して、犯罪被害者支援のこれまでの歴史を、日弁連の活動を通じて振り返るとともに、犯罪被害者庁創設なども踏まえて今後の在り方について考える。

あすの会が、日本の犯罪被害者支援施策の設計に果した役割は大きい。第7章は、「あすの会の歩みとこれからの展望」と題して、日本の犯罪被害者支援の歴史の中で、大きな影響を与えてきたあすの会の歩みを振り返るとともに、2022（令和4）年に新あすの会を再結成した同会の今後の展望について論じる。

Ⅲ　被害者学について

本書は、その名称を『被害者学の現在地』としたことから、「被害者学」について説明を加えたい。

被害者学は犯罪学などの刑事法学から派生する形で、1930年代、40年代頃から形成されてきた。犯罪学に関する研究が18世紀後半から本格化したことを考えると新しい学問である。刑事法学も被害者学も「犯罪」を研究対象とすることには変わりがない。もっとも、従来の刑事法学は、犯罪を加害者の側から研究する学問であった。この伝統は現在も続いており刑法学、刑事訴訟法学、刑事政策学、犯罪学の中心は加害者研究である。これに対して、被害者学は、「犯罪被害者等から見た」犯罪を研究対象とする。これにより、犯罪の原因やそれに対する対策等の施策が、従来とは異なる観点から研究されることとなった。

加えて、被害者学の研究には、様々な学問分野の知見が必要となることが大きな特徴である。法律学や社会学などの知見が必要であることはもちろんである。それ以外にも、犯罪被害者が精神的な被害を受けることを考えると心理学、精神医学の知見も不可欠であろう。また犯罪被害者が亡くなった場合の法医学の視点、犯罪被害の現状を知る上での統計学など、被害者学は様々な学問の見地から検討する必要がある[12]。

さらに、被害者学は理論的な学問であるのみならず、犯罪被害者等への支援

に実際に寄与して初めて意味をなす実践的学問であるという点にも特徴がある。机上の空論だけでは、被害者学は画餅に帰してしまう。そのためには、研究と実務とが相互に影響を与え合い、被害者等の支援への寄与という目的を達成することが可能となる。[13]

　これらの性質から考えると、被害者学とは、犯罪被害者等の視点から犯罪の原因やそれに対する対策、さらには犯罪被害者等への支援施策を検討し、その検討に当たっては多くの研究領域の知見から、研究と実務を融合して、被害者支援のために研究する学問、ということができるであろう。

　本書は、研究と実務を融合し、今まさに問題となっている課題を中心に、犯罪被害者等の視点から検討した。検討にあたっては、課題解決の現在までの到達点と、到達点から見える将来像を描くことを試みた。

12　諸澤英道『被害者学』（成文堂、2016年）30頁は、被害者学を「さまざまな研究領域から、被害者（victim）と被害（victimization）について研究する学際的科学であり、人間科学（human sciences）の一分野」とし、「被害者学の研究法は、学際的（inter-disciplinary）で、超学的（trans-disciplinary）で、多学的（multi-disciplinary）」とする。

13　日本被害者学会設立の趣旨でも「被害者学の方向性としては、理論のみならず、被害の実態および被害を扱う実務についての研究をも包含し、理論と実践の一体化を目指す」とある（http://www.victimology.jp/syushi.pdf（最終閲覧：2024年5月6日））。

第1部　近年の被害者支援をめぐる動向

第1章　国による犯罪被害者等への弁護士制度

黒井　新

Ⅰ　本章のポイント

　2024（令和6）年4月18日、殺人罪、危険運転致死罪などの遺族や性犯罪の被害者などを、早期の段階から弁護士が一貫して支援する犯罪被害者等支援弁護士制度の創設を盛り込んだ総合法律支援法の一部を改正する法律（令和6年法律第19号）が成立した。

　犯罪被害者等の法的支援を行う弁護士費用を国が賄う制度としては、被害者参加弁護士制度（犯罪被害者等の権利利益の保護を図るための刑事手続に付随する措置に関する法律（平成十二年法律第七十五号）11条以下）があるが、これは刑事裁判における被害者参加制度における活動に止まるものであり、刑事裁判に至るまでの早期の段階での法的支援については、国による弁護士制度が存在しなかったのである。

　本章では、犯罪被害者等支援弁護士制度の創設に至る経緯やその制度の概要、そして、今後の課題と展望について述べていく。

Ⅱ　犯罪被害者支援弁護士制度制定までの経緯

1　犯罪被害者等への弁護士による法的支援

（1）弁護士による法的支援の必要性

　犯罪被害者等には、被害直後から様々な事柄が降りかかってくることになる。警察署や検察庁で事情聴取をされる、マスコミが自宅や葬儀会場に集まってくる、加害者側の弁護人から示談の申し入れがある、などなどである。

犯罪被害に遭うという異常事態に陥っている中で、さらに対応や判断を求められる事柄が降りかかってくれば、当然犯罪被害者等は困惑し、二次的被害を負うことにもなりかねない。

　昨今では、各地の警察や検察庁の被害者支援室による支援も充実してきており、また、各地の民間支援団体によるサポートも充実していることから、犯罪被害者等としてはそうした機関の支援を受けることができる。

　ただ、刑事手続あるいは民事手続について法的なアドバイスを行う、弁護人からの示談申し入れに対して代理人として対応する、あるいは、マスコミからの取材申し入れに対して代理人として対応する、といった法的支援は、やはり弁護士が行う必要があり、その支援の必要性、重要性は大きい。

（2）弁護士、弁護士会による法的支援の取り組み

（ア）犯罪被害者法律援助事業

　日本弁護士連合会（以下「日弁連」という。）は、会員から徴収した会費を原資として、犯罪被害者法律援助事業（以下「法律援助事業」という。）を実施している[1]。

　これは、生命、身体、自由又は性的自由に対する犯罪及び配偶者暴力、ストーカー行為による被害を受けた者又はその親族若しくは遺族に対し、一定の資力要件のもと、弁護士による援助の必要性と相当性を要件として、その弁護士報酬や費用等を援助するものである。

　具体的には、被害届や告訴・告発、取材・報道への対応、捜査機関での事情聴取への同行、加害者側からの謝罪や示談申込への対応、警察・検察との協議、法廷傍聴同行、心情に関する意見陳述支援、犯罪罪被害者等給付金申請等など多岐にわたる。

　上述したように、犯罪被害者等にとっては、被害発生後の早い段階から弁護士による法的支援を受けられることが非常に重要である。

　例えば、捜査段階で被疑者の弁護人から犯罪被害者等に対して示談の申し入れがあった場合、示談の法的性質や提示額の当否等を検討し、弁護士が犯罪被

1　https://www.nichibenren.or.jp/activity/justice/houterasu/hourituenjyojigyou.html（最終閲覧：2024年9月22日）

害者等へ適切な助言を行い、代理人として交渉する。また、社会の注目を集めるような重大事件の場合には、事件発生直後から弁護士が介入することにより、適切な取材対応を実現したりすることができる。

この犯罪被害者法律援助事業は、開始当初から年々件数が増加しており、2007（平成19）年度には126件であったものが、2023（令和5）年度には、2364件と、約15年あまりの期間で大幅に増加している。

また、当初は利用件数がゼロの地域もあったが、全国各地の弁護士会において対応体制を整備、拡充していった結果、2013（平成25）年度以降は全ての都道府県で利用されるに至っており、弁護士による法的支援が全国的に拡充している状況にある。

（イ）各地の弁護士会、弁護士による取り組み

犯罪被害者等が、弁護士による法的支援を受けるためには、まずは被害者支援を業務として行っている弁護士のもとにたどり着く必要がある。

しかし、友人・知人に弁護士がいるという人は少なく、いたとしても被害者支援を業務としているとは限らず、被害直後の混乱した状況で、そうした弁護士を探すというのは難しいといわざるを得ない。

そこで、各地の弁護士会では、各地の性犯罪・性暴力被害者のためのワンストップ支援センターや警察、検察の被害者支援室などと連携し、法的支援の必要な犯罪被害者等に、迅速に弁護士を紹介できる制度を構築しているところである。[2]

各地の弁護士会では、上に述べたような各機関からの紹介に対応するため、犯罪被害者等の支援に関する研修等を経た適切な弁護士を名簿などの形で用意し、法律相談や具体的な支援が迅速に受けられるような体制を整えている。

こうした制度より犯罪被害者等は、相談先のワンストップ支援センターや警察などから、適切な弁護士を迅速に紹介され、被害直後の混乱した状況のなかでも、例えば加害者側からの示談の申し入れや、マスコミ取材に安心して対応できるようになっている。

各地の弁護士会自身も、電話相談の窓口などを設置し、担当する弁護士が、

2　例えば東京三弁護士会（東京弁護士会、東京第一弁護士会及び東京第二弁護士会）では、警視庁、検察庁の被害者支援室と連携し、弁護士による支援が必要と思われる被害者等の紹介を受け、被害者支援に精通した弁護士による相談等につなげている。

日々被害者支援業務にあたっている。

2 犯罪被害者等支援弁護士制度実現への取り組み

　これまで述べてきたように、日弁連、各地の弁護士会、それぞれの弁護士による取り組みによって、犯罪被害者等への迅速な法的支援をこれまで継続してきているところであり、その重要性は増すばかりである。

　一方で、弁護士の相談料、具体的な支援業務に関する弁護士費用については、各地方自治体の予算による法律相談料の支弁などは徐々に広がってきているが、上述した犯罪被害者法律援助事業や、各地の弁護士会による相談日当の支給などは、弁護士が支払う弁護士会費を主な原資としている。

　しかしながら、2005（平成17）年4月に施行された犯罪被害者等基本法は、その前文において「安全で安心して暮らせる社会を実現することは、国民すべての願いであるとともに、国の重要な責務であ」るとして「国の責務」を定めており、犯罪被害者等の支援に必要な弁護士費用については、本来、犯罪抑止について責務を負う国がその費用をもって賄うべきであると考えられる。

　そこで、日弁連では、犯罪被害者支援委員会が中心となって、国費による犯罪被害者支援弁護士制度の導入を求め、様々な活動を行ってきた。

（1）提言、意見等

　2012（平成24）年3月15日「被害者法律援助制度の国費化に関する当面の立法提言」を公表し、日弁連が日本司法支援センターに委託して実施している犯罪被害者法律援助事業について全面的に国費負担とすべく、総合法律支援法をこれに沿って改正するよう提言した。

　また2017（平成29）年10月に滋賀県大津市で開かれた日弁連の人権擁護大会[3]において、「犯罪被害者の誰もが等しく充実した支援を受けられる社会の実現を目指す決議[4]」を採択し、その中で、「犯罪被害者の誰もが、事件発生直後か

3　人権課題に関する調査・研究の成果を発表し、問題点を共有した上、その改善や新たな制度の実現に向けた提言や決意を宣言・決議として表明する、日弁連のイベントである（https://www.nichibenren.or.jp/document/symposium/jinken_taikai.html、最終閲覧：2024年10月14日）。

4　https://www.nichibenren.or.jp/document/civil_liberties/year/2017/2017_1.html（最終閲

ら弁護士による充実した法的支援を受けられるよう、公費による被害者支援弁
護士制度を創設すること。」を求めた。

さらに、2019（令和元）年11月22日「国費による犯罪被害者支援弁護士制度
の導入を求める意見書[5]」を発出し、国に対し、日弁連が日本司法支援センター
に委託して実施している犯罪被害者法律援助事業について、その援助費用を給
付型の国費負担とする、犯罪被害者支援弁護士制度を導入すべきであると求め
た。

（2）犯罪被害者支援弁護士制度検討会・実務者協議会

新型コロナウィルスが猛威をふるうようになった2020（令和2）年6月、日
弁連犯罪被害者支援委員会のプロジェクトメンバーが中心となって、先に述べ
た「国費による犯罪被害者支援弁護士制度の導入を求める意見書」を、当時の
森まさこ法務大臣に提出し、犯罪被害者支援弁護士制度の導入を求めた。

その結果、2020（令和2）年7月、法務省において、犯罪被害者支援弁護士
制度検討会が設置され、犯罪被害者支援弁護士制度において支援の対象とすべ
き犯罪被害者の範囲、支援の在り方等について、法制度化に向けた課題を含め
て検討し、論点整理が行われた。この検討会は、合計5回開催され、2021（令
和3）年3月に終了した[6]。

その後、2021（令和3）年10月、犯罪被害者支援弁護士制度の具体的な法制
度化に向けた諸課題の更なる検討を進めることを目的として、法務省に犯罪被
害者支援弁護士制度の実務者協議会が設置され、法務省、日弁連、日本司法支
援センターとの三者で法制化に向けた協議が進められた。

この協議会は、2023（令和5）年4月まで合計14回の会議が重ねられ、犯罪
被害者支援弁護士制度の導入を求めるという結論でとりまとめがなされ、対象
犯罪や支援内容、利用要件等について具体的な検討を速やかに行うこととされ
た。

覧：2024年9月22日）

5　https://www.nichibenren.or.jp/document/opinion/year/2019/191122_2.html（最終閲覧：
2024年9月22日）

6　https://www.moj.go.jp/housei/sougouhouritsushien/housei04_00017.html（最終閲覧：2024
年9月22日）

そして、2024（令和6）年4月18日、ついに犯罪被害者等支援弁護士制度の創設を盛り込んだ総合法律支援法の一部を改正する法律が成立したのである。日弁連が最初に犯罪被害者支援弁護士制度の導入を求める提言を行った2012（平成24）年3月から、実に12年を要したことになる。

Ⅲ　犯罪被害者支援弁護士制度の概要

1　創　設

　本書執筆時点（2024（令和6）年6月）において、犯罪被害者支援弁護士制度の具体的な内容等については、法務省、日弁連、日本司法支援センターとの間で引き続き継続的な協議がなされており、これから説明する制度の概要は、本執筆時点で一応の確認がされている内容であり、確定しているものではないことをご留意いただきたい[7]。

2　対象犯罪

　今回の制度の対象となる犯罪は、①故意の犯罪行為により人を死傷させた罪（未遂罪含む）、②刑法上の性犯罪又はその犯罪行為にこれら性犯罪の犯罪行為を含む罪（未遂罪含む）のほか、③人の生命又は心身に被害を及ぼす罪として政令で定めるもの、となっている。

　政令で定めるものは、故意の犯罪行為により人を負傷させた罪により被害者が重大な傷害を受けた場合とされており、ストーカー行為等の規制等に関する法律違反の被害者やいわゆる迷惑防止条例違反の被害者などは対象となっていない。

3　利用要件

　弁護士による法的支援の必要性、相当性があることのほか、日弁連で実施している犯罪被害者法律援助事業と同様に、一定の資力要件が設けられる。

7　https://www.moj.go.jp/content/001395428.pdf（最終閲覧：2024年9月22日）

4 業務

法律相談のほか、被害届・告訴状の作成・提出、捜査機関による事情聴取に関する援助、加害者側との示談交渉、検察審査会申立手続、民事調停手続、損害賠償請求訴訟における訴訟代理、刑事裁判における証人尋問や意見陳述に関する援助、損害賠償命令申立手続、犯罪被害者等給付金申請手続等が含まれる。国選の被害者参加弁護士制度は、起訴後の手続支援であるが、今回の制度では、被害直後からの利用が可能となる。

また、付随する業務として、捜査機関・裁判所・行政機関等への同行、裁判傍聴への付添い、関係団体による支援を適切に受けるための援助、報道機関対応等が含まれる。

日弁連の実施している犯罪被害者法律援助事業では、刑事手続に関する支援業務が対象となっているが、犯罪被害者支援弁護士制度では、民事訴訟などの民事手続も対象となったことが特徴的である。

犯罪被害者等が損害賠償請求訴訟を行うような場合に、これまでは、自ら弁護士費用を支払い、あるいは、日本司法支援センターでの立替えをしてもらう必要があったが、この犯罪被害者支援弁護士制度を利用する場合には、弁護士費用が給付となり、いわゆる成功報酬を除き、原則として自ら負担することはない。ただし、損害賠償請求などによって一定額以上の賠償を得たような場合には、弁護士費用の全部または一部を負担することも予定されている。

Ⅳ 今後の課題と展望

1 犯罪被害者支援弁護士制度の意義

国の費用によって実施される犯罪被害者支援弁護士制度は、これまで犯罪被害者や遺族が長年その実現を求めて来た制度であり、日弁連としても長年にわたって求めて来た制度であったことは前述したとおりである。

犯罪被害者等は、被害直後の混乱の中にあって、自らの味方になって様々な相談、対応をしてもらえる弁護士による支援を受ける必要が高い。そして、その弁護士費用を自ら支出せずに支援を受けられるということが、犯罪被害者等の誰もが等しく充実した支援を受けられる社会の実現という観点から、極めて

重要であるといえる。

　その意味で、この犯罪被害者支援弁護士制度が実現したことは、画期的な前進であり、より多くの犯罪被害者等が、被害直後から、弁護士による法的支援を受けることができるようになると期待される。

　警察庁の行った令和5年度犯罪被害類型別等調査の結果によると、犯罪被害者が、事件に関連して受領した給付、支給、賠償の内容について、犯罪被害者等全体では79.9％が「いずれも受けていない」と回答しており、「加害者からの賠償」との回答比率は3.1％にとどまっている。

　そして、犯罪被害類型別でみると、「いずれも受けていない」との回答比率は、性的な被害（95.0％）、児童虐待（93.6％）、ストーカー（92.0％）、配偶者暴力（90.4％）などで非常に高くなっている。

　加害者側との損害賠償に関する訴訟・交渉等の実施状況については、犯罪被害者等全体では88.0％が「訴訟や交渉などを行っていない」と回答しており、その理由としては、「どのような手続をとればよいかわからなかったから」と回答した人が32.5％、「弁護士に頼む資力がない」と回答した人も8.2％いた。

　今後、このような人達が、犯罪被害者支援弁護士制度を利用して、弁護士による法的支援を受けることで、経済的な被害回復の手段とできるようになることも期待される。

2　課　題

　画期的な前進となった犯罪被害者支援弁護士制度であるが、以下のような課題もある。

　この制度が宝の持ち腐れとなってしまっては元も子もない。警察、検察、性犯罪・性暴力被害者のためのワンストップ支援センターなどにおいて、犯罪被害者支援弁護士制度の有用性を認識して積極的にこれを犯罪被害者等に情報提供し、利用を促していくことが必要となる。

　そして、各地の弁護士会との連携などを通じて、犯罪被害者等に対し適切な

8　https://www.npa.go.jp/hanzaihigai/report/higaisha/r05/top.html（最終閲覧：2024年9月22日）

弁護士を円滑に紹介できる仕組みを構築しておくことも重要である。前述したように、既に各地の弁護士会と各都道府県の警察などとの連携が進んでおり、こうした取り組みを、さらに全国で実現させていく必要がある。

さらに、弁護士、弁護士会においては、犯罪被害者支援に関する研修[9]などを充実させ、これからさらに増加すると思われる犯罪被害者等による支援要請に応える体制を整えておく必要がある。

3　今後の展望

今回法制化された犯罪被害者支援弁護士制度については、2026（令和8）年までに施行させることとなっているが、施行後の制度の実施状況を注視し、制度の改善を図っていくことも必要である。

今回の犯罪被害者支援弁護士制度では、対象となる犯罪が、比較的重い犯罪や刑法上の性犯罪等に限られたが、より多くの犯罪被害者等が利用できるよう、対象犯罪の拡大が求められる。

また、利用要件となっているいわゆる資力基準についても、広く利用できるように、撤廃あるいは大幅な緩和が求められるところである。

9　日弁連や各地の弁護士会では、定期的に弁護士に対し被害者支援に関する研修会を開催し、被害者参加制度などの制度の習熟のほか、被害者・遺族本人や心理学の専門家などの話を聴くことで、犯罪被害者等の心情の理解や二次被害の防止を図っている。

第2章	刑事手続における 犯罪被害者の氏名等の情報の保護

吉沢　徹

Ⅰ　本章のポイント

　刑事手続において、犯罪被害者の氏名等の情報を保護する主な制度として
は、①公開の法廷において被害者特定事項（氏名及び住所その他の当該事件の被害
者を特定させることとなる事項、刑事訴訟法（以下「法」という。）290条の2）を秘匿
する制度と、②逮捕・勾留手続や起訴手続等において、被疑者・被告人に対す
る関係で個人特定事項（氏名及び住所その他の個人を特定させることとなる事項、法
201条の2）を秘匿する制度がある。前者は2007（平成19）年の刑事訴訟法改正
（平成19年法律第95号）（以下「平成19年法改正」という。）、後者は2023（令和5）年
の同法改正（令和5年法律第28号）（以下「令和5年法改正」という。）により設けら
れた制度である。

　本章ではこれらの制度の制定までの経緯、その内容などについて概観し、刑
事手続における犯罪被害者の氏名等の情報の保護について検討する。

Ⅱ　上記各制度制定までの経緯

1　被害者特定事項秘匿制度について[1]

　公判は公開の法廷（憲法82条1項）で行われる。公判では、起訴状朗読、冒
頭陳述、証拠書類の朗読（又は要旨の告知）、証人尋問、被告人質問、論告・弁

1　被害者特定事項秘匿決定がなされた件数は、2020（令和2）年において3923件、2021（令
　和3）年において4266件、2022（令和4）年において4081件である（法務省・法務総合研究
　所編『令和5年版　犯罪白書』（2023年）第6編第2章第1節4、6-2-1-4図）。

論等の各手続の中で、被告人が犯行に至った経緯や犯行状況等について立証活動及び防御活動が繰り広げられ、判決において判断される。被害者のある犯罪の公判においては、その審理の中で、通常は被害者の氏名が明らかにされ、事案によっては、被害者の住所、被害者の通学先・勤務地等が明らかにされることがあり、その公判を傍聴した傍聴人がそれら被害者に関する情報を知ることになる。

このことが一因で旧強制わいせつ罪（刑法旧176条。現不同意わいせつ罪）や旧強姦罪（刑法旧177条。現不同意性交等罪）等の一定の性犯罪については、以前は告訴がなければ公訴提起ができないとする親告罪とされていた[2]。その趣旨は、犯罪の性質上、公開の法廷で事件の内容が公になると被害者の名誉やプライバシーが害され、精神的苦痛等の不利益が増すことが多いために、犯人の処罰を求めるかどうかは告訴という形で被害者の意思にかからしめられていたものである[3]。それ故、被害者が自己の名誉やプライバシーが害されることを避けようとするならば告訴を断念せざるを得ず、犯罪被害に遭ったことにより犯人から多大な精神的苦痛等を受けたにもかかわらず、被害者は理不尽な状況に置かれることが珍しくなかった。

そこで、実務上、性犯罪等の公判では、被害者の氏名等を公判において明らかにしないという運用が行われるようになった。具体的には、起訴状朗読や証拠書類の朗読ないし要旨の告知の際、さらに、証人尋問や被告人質問の際など、手続の各段階において被害者の氏名等を朗読したり述べたりせず、「被害者」と呼称するなどの方法をとっていた。

このような運用は、検察官が弁護人及び裁判所に協力を求め、同意が得られた場合になされており、弁護人からの同意が得られなかった場合など、常にこの運用により公判を遂行できるわけではなかった。

そこで、これらの運用に明文の根拠を与えるとともに、その要件・手続等を明確にすべく、平成19年法改正により被害者特定事項秘匿制度（法290条の2）が設けられた[4]。

2　親告罪とされていたこれらの罪は2017（平成29）年の刑法改正によって非親告罪化された。

3　西田典之『刑法各論（第7版）』（法律学講座双書、2018年）107頁。

22　第1部　近年の被害者支援をめぐる動向

2 個人特定事項秘匿制度について

(1) 被害者の氏名等の情報が被疑者・被告人に知られる機会について

逮捕状により被疑者を逮捕する場合、その逮捕状を原則として被疑者に示さなければならない（法201条1項）。この逮捕状には被疑事実の要旨の記載が求められている（法200条1項）。また、被疑者を勾留する際に発付される勾留状についても被疑者に示さなければならない（法207条1項・73条2項）。被疑者・被告人は、この勾留状の謄本の交付を請求できる（刑事訴訟規則302条1項・74条）。この勾留状にも被疑事実の要旨の記載が求められている（法207条1項・64条1項）。これらの被疑事実の要旨には、被害者のある犯罪においては、その氏名が判明している限り、被害者の氏名が記載される運用が以前からなされている。そのため、被疑者は、逮捕や勾留される際に被害者の氏名等を知ることができる。

さらに、検察官が起訴の際に裁判所に提出する起訴状（法256条1項）の公訴事実欄には審理の対象となる訴因を記載しなければならない。その訴因の記載に当たっては「できる限り日時、場所及び方法を以て罪となるべき事実を特定」しなければならない（同条3項）。この訴因を特定するためには、少なくとも他事件との識別ができる程度に記載されることが要請されていると解され（いわゆる識別説）、それのみならず、さらに罪となるべき事実を「できる限り」特定することが要請されている。公訴事実に被害者の氏名を記載することは、これらの要請を充たすべく、被害者を特定する方法として、わかりやすい簡便な方法として定着してきた実務上の慣例であったと思われる[5]。そして、裁判所に提出された起訴状は、その謄本が被告人に送達される（法271条1項）。そのため、被告人は起訴状の公訴事実欄に記載された被害者の氏名を知ることになる[6]。

4　中山善房他『大コンメンタール刑事訴訟法（第三版）〔第6巻〕』（青林書院、2022年）82頁〔白木功執筆〕、83頁。

5　初澤由紀子「起訴状の公訴事実における被害者の氏名秘匿と訴因の特定について」慶應法学31号（2015年）229頁、244頁。

6　拙稿「起訴状における被害者氏名の不記載の可否」岡山大学法科大学院臨床法務研究21巻（2018年）1頁、2頁。

（2）平成19年法改正時の被告人に対する被害者の情報保護の制度

　平成19年法改正で設けられた被害者特定事項秘匿制度においては、被告人に対する関係でも被害者特定事項を知られないようにする規定が設けられた。すなわち、検察官は、弁護人に対し、一定の要件の下、証拠開示の際に、被害者特定事項が被告人に知られないようにすることを求めることができるようになった（法299条の3本文）。しかしながら、この求めができるのは、被害者特定事項のうち起訴状に記載された事項以外のものに限られていた（同条ただし書き）。前述のように、起訴状の公訴事実欄には被害者の氏名が記載される運用がなされており、また、事案によっては被害者の年齢、犯罪地が被害者の自宅の場合その住所が記載されていた。その起訴状に記載された氏名等は、起訴状の謄本の被告人への送達により必然的に被告人が知ることになる情報であった。それゆえ、証拠開示の際に、その証拠に被害者特定事項が記載されていたとしても、起訴状に記載された事項は、検察官が弁護人に対して被告人に知られないようにすることを求めることができる対象外とされた（法299条の3ただし書き）。そのため、被害者の氏名を被告人が知ることを防ぐことはできなかった。

（3）被害者の氏名を被疑者・被告人に秘匿する必要性

　このように平成19年法改正によっても被害者の氏名を被告人に知られないようにすることはできなかった。そのため、自己の氏名等を被疑者・被告人に知られることにより、被告人らから逆恨みをされ、被告人が社会に戻った後に自己や親族に危害を加えられたり、自己の情報をインターネット上で拡散されたりするなどの被害を受けるのではないかと不安に思う被害者がその法改正よりも前から少なくなかった。実際、筆者が検察官又は弁護士として被害者と接してきた中でも、被疑者・被告人からの逆恨みを恐れ、自己の氏名が被疑者・被告人に伝わるのを避けるべく、捜査機関に被害申告することを断念したり、同様の理由により、一旦被害申告を行ったものの、被疑者に被害者氏名が伝わっていない事案において、後に起訴を求めない意思を表明したりする被害者は珍しくなかった。犯罪被害によって多大な精神的苦痛等を受けたにもかかわらず、上記再被害等を恐れて犯人の処罰を断念せざるを得ないのは理不尽極まりないと感じる被害者が存在することは容易に想像できる。そのような中、2012

（平成24）年11月、いわゆる「逗子ストーカー殺人事件」が発生した。この事件は、神奈川県逗子市に居住する被害女性が元交際相手の男性から殺害されたという事件であるが、同事件の前に同男性が被害女性に対してストーカーないしこれに類する行為を行っており、その際の脅迫事件にて警察官が同男性を逮捕するに当たり、逮捕状に記載されていた被害女性の婚姻後の姓や転居後の住所が読み上げられており、同男性がその際に知った被害女性の情報を基にして被害女性の所在を突き止め、殺人事件を起こしたとみられるものである。[7]

この事件を機に、捜査実務において逮捕状の請求をする際の被疑事実の要旨の記載に当たって被害者の実名を記載しない運用を行ったり、検察官においても起訴状の公訴事実欄に被害者の実名等を記載しない運用がなされたりするようになった。その例として挙げられるのが起訴状の公訴事実欄を記載する際に、被害者の氏名を実名で記載せず、被害者の生年月日や年齢とともに氏名をカタカナで表記したり、被害者が被害後に姓が変わった場合に被害者の被害時の旧姓を記載したりする方法などである。[8]

しかし、公判の現場においては、上記のような被害者の実名を記載せずに起訴された事案において、裁判所が検察官に対し、被害者氏名を記載するよう補正を求める事案もみられ、必ずしも統一された取扱いがなされたものではなかった。そのような中で、2016（平成28）年6月30日、福岡高等裁判所宮崎支部は、被害者の実名を記載せず、被害者の被害当時の着衣や年齢を記載して起訴がなされた強制わいせつ致傷被告事件（第一審有罪判決）の控訴審において、「公訴事実として、被害者の実名に代えて、その服装等の可変的な情報しか記載されていないのだから、……本件起訴状の公訴事実は、『できる限り』罪となるべき事実を特定したものとはいえず、刑訴法256条3項に反していることが明らかである。」とし、原審判決を訴訟手続の法令違反を理由に破棄した。[9]

このように、実務上も、具体的にどのような場合に、どのような方法で被害者の氏名を秘匿した形での起訴が許されるのか、個々の裁判所の判断に委ねられていたため、安定した秘匿を行うために法改正によって明文化することが検

---

7 2012（平成24）年11月16日朝日新聞朝刊39頁、同年12月21日同新聞朝刊37頁等。
8 初澤・前掲論文（注5）244頁。
9 公刊物未登載。LLI/DB L07120313。

討されるようになり、令和5年法改正により、個人特定事項秘匿制度が設けられることとなった。

Ⅲ　被害者の氏名等の情報を保護する諸制度の概要

1　被害者特定事項秘匿制度（法290条の2第1項）（平成19年法改正により導入）[10]

この制度は、一定の要件を充たした場合、公開の法廷で、被害者の氏名及び住所その他の当該事件の被害者を特定させることとなる事項（被害者特定事項）を明らかにしない旨の制度である。要件を充たす場合、裁判所がその旨の決定を行う。

被害者特定事項には、被害者の氏名、住所のほか、被害者の親族の氏名、被害者の勤務先や通学先も該当し得る。

同秘匿制度の対象となる事件は次のとおりである。

①不同意わいせつ、不同意性交等、いわゆる児童ポルノ法違反の罪等の性犯罪等（法290条の2第1項1号・2号）

これら事件は、事件の性質上、公訴事実の記載内容のみをもって被害者のプライバシーを保護する必要性が高いことを容易に判断できる事件である。

②上記①のほか、犯行の態様、被害の状況その他の事情により、被害者特定事項が公開の法廷で明らかにされることにより被害者等の名誉又は社会生活の平穏が著しく害されるおそれがあると認められる事件（同項3号）

この事件に該当する例としては、男女間の交際関係のもつれから生じた強要、傷害、殺人等の事件や、社会の耳目を集める大量殺人事件等、広く報道されることが予想される事件が挙げられる。

③上記①及び②のほか、犯行の態様、被害の状況その他の事情により被害者特定事項が公開の法廷で明らかにされることにより被害者若しくはその親族の身体若しくは財産に害を加え又はこれらの者を畏怖させ若しくは困惑させる行為がなされるおそれがあると認められる事件（同条3項）

この事件に該当する事件は、たとえば、被告人が暴力団関係者で被害者が一

10　白木・前掲（注4）82頁以下参照。

般人である傷害や恐喝等の事件であり、その被告人の関係者らが公判を傍聴することが想定される事件が挙げられる。

2　個人特定事項秘匿制度（令和５年法改正により導入）[11]

（1）捜査段階

裁判官から逮捕状や勾留状の発付がなされる際、被疑者に示すものとして、被害者の氏名等の個人特定事項の記載のない逮捕状や勾留状の抄本等の交付が同時になされ、それらの抄本等を被疑者に呈示できる（逮捕につき法201条の２第３項、勾留につき法207条の２第２項・271条の８第３項・１項２号・207条１項本文・73条３項）。

（2）公訴提起段階

検察官が起訴状を裁判所に提出するに当たり、裁判所に対し、起訴状の謄本に代えて、被害者の氏名等の個人特定事項の記載のない起訴状の抄本等を被告人に送達することを求めることができる（法271条の２第１項・４項）。

（3）公判段階

（ア）証拠開示時点における秘匿

検察官が立証に用いる証拠には被害者の氏名等の情報が記載されているものもある。その証拠は、被告人又は弁護人に開示しなければならない（法299条１項）。また、検察官が被害者の証人尋問を請求しようとする場合には、その氏名、住所を被告人又は弁護人に開示しなければならない（同条同項）。これらのとき、被害者の氏名等の個人特定事項が被告人に知られることになる。

そこで、令和５年法改正では、起訴状等における個人特定事項の秘匿措置がとられたときは、検察官は、被告人又は弁護人に対し、上記の証拠開示等を行うに当たり、一定の要件の下で、個人特定事項の秘匿措置をとることができることとされた（法299条の４第２項・７項）。

（イ）公判記録の閲覧・謄写時点における秘匿

弁護人は、公訴提起後、裁判所において、訴訟に関する書類及び証拠物（以

11　栗木傑「『刑事訴訟法の一部を改正する法律』の概要」警察學論集77巻４号（2024年）１頁以下参照。

下「公判記録」という。）を閲覧・謄写することができる（法40条1項本文）。

上記（2）の起訴状等の秘匿措置がなされたとしても、被害者氏名が記載された起訴状原本は裁判所の公判記録として編綴される。また、裁判所において取り調べられた証拠につき、上記（ア）の秘匿措置がとられたとしても、秘匿がなされていない書証等が裁判所に提出される可能性もある。

そこで、令和5年法改正では、上記（2）の起訴状等の個人特定事項の秘匿措置がとられたときは、裁判所は、弁護人が公判記録を閲覧・謄写するに当たり、一定の要件の下で、個人特定事項の秘匿措置をとることができることとされた（法271条の6第1項・2項）。

（ウ）裁判書等の謄本等の交付時点における秘匿

被告人、弁護人らは、原則として、裁判書（すなわち判決書等）又は裁判を記載した調書の謄本等の交付を請求できる（法46条）。それら裁判書等に個人特定事項が記載されていれば、被告人らがこの裁判書等の謄本等を交付請求することによって、被告人に個人特定事項が知られることになる。

そこで、令和5年法改正では、上記（2）の起訴状における個人特定事項の秘匿措置がとられた事件について、裁判所は、弁護人又は被告人が裁判書等の交付請求があったときは、一定の要件の下で

①交付請求者が弁護人の場合、弁護人に対し、起訴状抄本に記載のない個人特定事項を被告人に知らせてはならない旨の条件を付したり、弁護人に対し、起訴状における個人特定事項の秘匿措置の対象とされた個人特定事項の記載がない裁判書等の抄本を交付したりするなどができるものとされ（法271条の6第3項・4項）

②交付請求者が被告人等の場合、その被告人等に対し、起訴状における個人特定事項の秘匿措置の対象とされた個人特定事項の記載がない裁判書等の抄本を交付することができるものとされた（法271条の6第5項）。

（4）上記（1）～（3）の対象事件

被害者特定事項秘匿制度の対象となる事件と類似しており、以下のとおりである。

①不同意わいせつ、不同意性交等、いわゆる児童ポルノ法違反の罪等の性犯罪等（法201条の2第1項1号イ・ロ・法271条の2第1項1号イ・ロ）

②上記①のほか、犯行の態様、被害の状況その他の事情により、被害者の個人特定事項が被疑者・被告人に知られることにより被害者等の名誉又は社会生活の平穏が著しく害されるおそれがあると認められる事件（各同号ハ（1））

③上記②のほか、被害者若しくはその親族の身体若しくは財産に害を加え又はこれらの者を畏怖させ若しくは困惑させる行為がなされるおそれがあると認められる事件（各同号ハ（2））

Ⅳ 今後の課題と展望

　令和5年法改正によって、これまで困難であった被害者の氏名等の情報を被疑者・被告人に対し秘匿しながら刑事手続を進めることができるようになったことは、被害者の名誉及びプライバシーを保護しつつ、被害者の処罰感情を一定程度満たすことができるようになり、画期的であるといえる。

　しかしながら、同改正による秘匿の措置がなされるためには、対象事件として上記Ⅲ2（4）の要件が課せられているところ、同要件を満たすかの審査を行うに当たり、あまりに厳格な審査がなされるならば、結局のところ、個人特定事項秘匿制度が導入された目的を達することができない。また、被疑者・被告人の防御に実質的な不利益を生ずるおそれがある場合には、同制度による秘匿はなされない（法207条の3第1項2号・271条の5第2項2号等）。同要件を満たすことを安易に認める運用がなされると、この場合も同制度の目的を達することができない。したがって、同制度の要件の充足性の判断に当たっては、同制度の趣旨を没却することのないよう適切な運用がなされる必要がある。

　さらに、証拠に表れた個人特定事項の秘匿についてはなお課題が残る。具体的には、上記Ⅲ2（3）（ア）で証拠開示時点における秘匿される個人特定事項は、証拠書類の場合、起訴状に記載された個人特定事項のうち起訴状抄本等に記載がないものに限られる。しかしながら、起訴状に記載される個人特定事項として考えられるものは、氏名のほか、年齢、住所程度である。そうすると、勤務先や通学先等については、なお被告人に知られる可能性がある。これについては、検察官が弁護人に開示する証拠書類において、起訴状には記載さ

れているが起訴状抄本等には記載がない個人特定事項以外の同事項が記載されている部分にマスキング処理をするという方法が考えられるものの、弁護人から異議が出されるとこの方法をとることができない（刑事訴訟規則207条の2参照）。

　以上のように、令和5年法改正によっても被害者の氏名等の情報を被疑者・被告人に秘匿するには限界がある。

　とはいえ、個人特定事項秘匿制度は、被害者が犯人処罰を求める際のハードルを下げるものであることは間違いなく、これまで泣き寝入りせざるを得なかった被害者が減少することが期待できるであろう。

　現行の秘匿制度に満足することなく、今後も被害者の情報保護の制度が拡充されることが期待される。

第3章　犯罪被害者等の立場から見た保釈制度

天野　康代

Ⅰ　本章のポイント

本章においては、刑事訴訟法2023（令和5）年改正（以下「令和5年改正」という。）を概観し、犯罪被害者等の立場から見た保釈制度について考察する。

保釈とは、一定の保証（保証金・有価証券・保証書）等の納付を条件として、勾留の執行を停止し、被告人を勾留による拘禁状態から解放する裁判とその執行をいうが[1]、後述するとおり、近年は保釈率が上がっており、強制わいせつ罪（現不同意わいせつ罪）などの性犯罪でも保釈されるケースが増えている。

そして、その一方で保釈の取消しも増えており、改正前の刑事訴訟法（刑訴法）96条1項4号「被告人が、被害者その他事件の審判に必要な知識を有すると認められる者若しくはその親族の身体若しくは財産に害を加え若しくは加えようとし、又はこれらの者を畏怖させる行為をしたとき」による取消しや、同項5号「被告人が住居の制限その他裁判所の定めた条件に違反したとき」による取消しも増えている。しかも、5号による取消しの中では特定の者への接触禁止の条件に違反したことを理由とするものが多い[2]。

保釈されれば被告人が市井に戻ることになるので、犯罪被害者等の中には、被告人が接触してくるのではないか等と不安に感じて従前と同じような生活ができなくなる人もいる。また、被告人が保釈された後に逃亡したとなれば、社会的に大きな不安を与えることになるが、犯罪被害者等の不安はより一層大き

1　河上和雄他編『大コンメンタール刑事訴訟法第3版第2巻』（青林書院、2024年）171頁。
2　法制審議会刑事法（逃亡防止関係）部会（以下「部会」という。）第5回会議配布資料19「通常第一審終局前の保釈取消人員に係る保釈取消事由（全地方・簡易裁判所）」。

なものになる。

そこで、被告人の逃亡防止のための方策を講じた令和5年改正にかかる保釈制度について、本章においては犯罪被害者等の側の視点も含めて考えていきたい。

Ⅱ 令和5年改正までの経緯

1 勾留と保釈制度

勾留とは、被疑者又は被告人の身体を拘束する裁判及びその執行をいう。勾留の目的は、刑訴法60条1項各号の規定から分かるとおり逃亡及び罪証隠滅の防止にあり、被告人勾留にあっては有罪判決確定の場合に備えて刑の執行を確保する目的もあるとされている[3]。

そして保釈は、保釈保証金の没取という経済的苦痛が加えられることを担保に、被告人が勾留されている場合と同様の効果を上げようとするものである。

2 近時の保釈の運用状況と問題点の顕在化

2019（令和元）年12月、会社法違反（特別背任）などの罪で起訴された日産自動車のカルロス・ゴーン元会長が保釈中に国外へ逃亡するという衝撃的な出来事が発生した[4]。

その直近10年間の保釈率は徐々に上昇しており、2009（平成21）年に15.6%だった保釈率は2018（平成30）年には32.1%にまで上昇していた[5]。

---

3 河上他編・前掲書（注1）23頁。

4 日本経済新聞（電子版）2020（令和2）年1月7日によると、保釈条件の大半は事件関係者との接触を防ぐためのもので、逃亡防止策の不備を危惧したためか民間の「監視」がついていたが、監視が止まった直後にゴーン元会長は逃亡を決行した。また、15億円の保釈保証金は全額没取されたが逃亡を防ぐ決め手にはならなかったとし、米国や英国、カナダなどでは、保釈中の被告人にGPSなどを装着させることもあるが、日本では導入の議論が進んでこなかったとして、ゴーン元会長の逃亡を受けて、法務省は被告人の逃亡防止につき検討に入ったと報じている。

5 部会第4回会議配布資料13「統計資料②」第2表通常第一審における勾留状発付人員・保釈許可人員・保釈率。なお、2019（令和元）年における保釈率は32.0%であった。

32　第1部　近年の被害者支援をめぐる動向

他方で、通常第一審における保釈取消人員も、2009（平成21）年に延べ40名だったものが、2018（平成30）年には延べ130名と３倍以上に増加していた。[6]

　そのような状況下でカルロス・ゴーン元会長が逃亡したわけであるが、この逃亡以外にも、控訴審において保釈されていた者が実刑判決確定後に逃亡した事案や、控訴審係属中に勾留の執行を停止された被告人が逃亡した事案[7]、保釈を取り消された被告人が逃亡した事案など、2019（令和元）年だけで少なくとも５件の逃亡事案が発生していた。[8]

　このように、保釈中の被告人等の逃亡が相次いだことについて、逃亡のおそれの評価の在り方に問題がなかったかどうか再考せざるを得ない契機となった[9]とか、カルロス・ゴーン元会長の逃亡について、「様々な保釈条件をつけても、想定を上回る事態が起きうるという事実を突きつけた」「いかに保釈保証金を高額にして厳しい保釈条件をつけても、逃走は防げないという制度上の欠陥が明らかになった」[10]といった意見が出るなど、現行の保釈制度の在り方について問題提起がなされた。

3　法制審議会への諮問（諮問第110号）

　このような保釈の運用状況や逃亡事案の発生を受け、2020（令和２）年２月21日、法制審議会（総会）第186回会議において、当時の森まさこ法務大臣から、「近時の刑事手続における身体拘束をめぐる諸事情に鑑み、保釈中の被告人や刑が確定した者の逃亡を防止し、公判期日への出頭や刑の執行を確保する

6　部会同前第３表通常第一審における保釈取消人員。なお、2019（令和元）年における保釈取消人員は219名で、前年に比して1.7倍に増えている。

7　勾留の執行停止とは、勾留の執行を一時的に停止し、被告人の拘束を解く制度である（刑訴法95条）。保釈保証金の納付を要しない点で保釈と異なり、職権によってのみ行われる。被告人の病気の例が多く、近親者の病気や冠婚葬祭、学生である被告人の試験等の場合にも執行停止が認められたことがある。以上につき、松本時夫他編著『条解刑事訴訟法（第５版）』（弘文堂、2022年）202-203頁。なお、本文中に触れた2019（令和元）年の逃亡事案も、医療機関への受診を理由として勾留の執行を停止された被告人であった。

8　部会第１回会議配布資料３「近時の主な逃亡事案」。

9　小長光健史「保釈の在り方―検察の立場から―」刑事法ジャーナル64号（2020年）38頁。

10　読売新聞2020（令和２）年１月１日、水野智幸法政大教授の意見、高井康行弁護士の意見。

ための刑事法の整備を早急に行う必要があると思われるので、その要綱を示されたい。」とする諮問（諮問第110号）がなされた。

　すなわち、「保釈中の被告人や保釈を取り消された被告人、刑が確定した者等が逃亡し、その間、近隣の住民に多大な不安を与える事態となった事案が相次いで発生し、また、外国人の被告人が保釈中に国外へ逃亡する事案も発生したことや、そうした逃亡事案はひとたび発生すると国民の間に多大な不安を生じさせるばかりでなく、適切な対処がなされなければ、公判審理の遂行や刑の執行を危うくし、刑事司法制度に対する国民の信頼を損なうことにもなりかねないことなどに鑑み、それらの者の逃亡を防止する適切な方策を講じることが喫緊の課題であるとの認識に基づき」このような諮問がなされたものである[11]。この説明の中にある「国民」には、当然ながら、一般市民のみならず当該事件の犯罪被害者等も含まれる。

　そして、法制審議会刑事法（逃亡防止関係）部会（以下「部会」という。）においては、2020（令和２）年６月から約１年半にわたり審議がなされ、2021（令和３）年10月８日に開催された部会において「要綱（骨子）案」が取り纏められた。この「要綱（骨子）案」は2021（令和３）年10月21日開催の法制審議会（総会）第192回会議において全会一致で原案通り採択され、同日、法務大臣に答申された。

　その後、法務省における立案作業を経た後、2023（令和５）年３月３日に「刑事訴訟法等の一部を改正する法律案」として第211回国会に提出され、同年５月10日に法律として成立し（令和５年５月17日法律第28号）、2023（令和５）年11月15日から施行されている。

Ⅲ　令和５年改正による制度の内容

1　要綱（骨子）案の概要
（１）部会が取り纏めた要綱では、保釈中の被告人の逃亡を防止し、公判期日への出頭や刑の執行を確保するため、以下の法整備等を行うことが相当である

11　法制審議会第186回会議議事録６頁、川原隆司幹事発言。

34　第１部　近年の被害者支援をめぐる動向

とされた。[12]

① 裁判所が、保釈中の被告人等に対し、住居や労働又は通学の状況、身分関係等について定めた事項の報告を命令することができる制度の創設

② 裁判所が、保釈中の被告人等を監督する「監督者」を選任し、保釈保証金とは別の監督保証金を納めさせるとともに、「監督者」に被告人等と共に裁判所へ出頭させたり、被告人の生活上又は身分上の事項について報告させたりできる制度の創設

③ 保釈中の被告人等が、召喚を受けたのに正当な理由なく公判期日に出頭しない行為や、裁判所の許可なく制限住居を離れる行為、保釈を取り消された被告人等が正当な理由なく出頭しない行為などに対する罰則の新設

④ 逃走罪（刑法97条）及び加重逃走罪（同法98条）の主体を、「裁判の執行により拘禁された既決又は未決の者[13]」から「法令により拘禁された者」へ拡張し、法定刑も引き上げること

⑤ 裁判所が、保釈中の被告人の国外逃亡を防止するため必要があると認めるときに、GPS端末を当該被告人に装着させて位置情報を取得・把握する制度の創設

⑥ 禁錮以上の実刑判決宣告後における裁量保釈の明確化[14]

⑦ 禁錮以上の刑に当たる罪で起訴され、保釈されている被告人等に対し、控訴審の判決宣告期日への出頭を原則として義務付けること

⑧ 保釈された者が、禁錮以上の刑に処する判決等の宣告を受けた後に逃亡し

12　部会第14回会議配布資料38「要綱（骨子）案」。

13　「裁判の執行により」拘禁された既決の者とは、確定裁判を受け自由刑の執行として刑事施設に拘禁されている者又は死刑の執行に至るまで刑事施設に拘禁されている者をいう。罰金又は科料を完納できないために労役場に留置されている者を含む。同様に未決の者とは、被疑者又は被告人として、勾留状の執行により拘禁されている者をいう。以上につき、前田雅英他編『条解刑法』（弘文堂、2021年）324頁。「法令により」拘禁された者はこれらより広く、現行犯逮捕又は緊急逮捕されて令状が発せられる前の者や、少年鑑別所に収容された少年等も含まれる。以上につき、同前330頁。

14　令和5年改正により刑訴法344条2項「拘禁刑以上の刑に処する判決の宣告があった後は、第90条の規定による保釈を許すには、同条に規定する不利益その他の不利益の程度が著しく高い場合でなければならない。ただし、保釈された場合に被告人が逃亡するおそれの程度が高くないと認めるに足りる相当な理由があるときは、この限りでない。」が新設された。

第3章　犯罪被害者等の立場から見た保釈制度　35

た場合に保釈等の取消しを必要的とし、保釈保証金の一部又は全部の没取も必要的とすること

⑨禁錮以上の実刑判決の宣告を受けた者等が国外に出国しようとするときは、裁判所の許可を受けなければならないとする制度の新設

⑩裁判の執行に関する調査手法の充実化等

⑪刑の時効の停止に関する規定の整備

これらのうち、⑤については特に被害者支援の視点を踏まえた制度設計が可能であると思われることから別途項を設けて論じることとしたい。

また、④⑨⑩⑪は保釈それ自体に関するものではないので本章では説明を省略することとし、それ以外の項目（①②③⑥⑦⑧）について令和5年改正により整備がなされることとなった趣旨・理由等は次のとおりである。

（2）①保釈中又は勾留執行停止中の被告人に対する報告命令制度の創設

これは、裁判所が、保釈中の被告人等の生活上・身分上の事項について適時に把握することにより逃亡のおそれの程度を適切に判断して、保釈の取消し等適切な措置を講じられるようにするためのものである。

従前、裁判所は、保釈されている被告人の生活状況等の変化を直接把握できる機会に乏しく、特に事件が長期間にわたり公判前整理手続に付されている場合等において、被告人による逃亡のおそれを適時・適切に判断して保釈取消し等の措置を講じることが困難であるなどの課題があった[15]。

犯罪被害者等の視点からも、保釈された被告人がどこで何をしているのかについて、保釈を許した裁判所が把握できていないという事態は不安を生じさせることから、この制度の創設は歓迎できる。

（3）②保釈中又は勾留執行停止中の被告人の監督者制度の創設

従前から、被告人の親族等が身元引受人となり、被告人を監督して公判期日に出頭させること等を誓約することが行われていたが、これは道義的な責任を負うに過ぎなかった。

そこで、監督者制度が創設され、裁判所は監督者に対し出頭や報告を命じる

15　野末宜義「『刑事訴訟法等の一部を改正する法律』の概要」法律のひろば76巻7号（2023年）36頁。

ことができ、監督者がその義務に違反した場合や、被告人が逃亡するなどして保釈が取り消された場合には、監督者が納めた監督保証金を没取できるようにした。

　この監督者の責任は相当重く、どの程度活用されるか未知数であるが、今後の運用を注視していきたい。

（4）③公判期日への出頭等を確保するための罰則の新設

　逃亡を防止し、公判期日への出頭等を確保するため、召喚を受けた公判期日への不出頭罪（改正刑訴法278条の2）、制限住居離脱罪（同法95条の3）、保釈又は勾留執行停止の取消し・失効後の出頭命令違反の罪（同法98条の3）、勾留執行停止期間満了後の不出頭罪（同法95条の2）、刑の執行のための呼出しに係る不出頭罪（同法484条の2）、の5つの類型の罰則が新設された。

　制限住居離脱罪については、制限住居の条件に違反した場合の効果が明確化されることにより、犯罪被害者等の不安軽減に繋がると思われる。

　ただ、このような条件違反を処罰することに主眼があるわけではなく、被告人を逃亡させないことがその目的であり、さらに言えば犯罪被害者等に接触させないことも保釈制度にかかる重要な課題である。そうであるとすれば、令和5年改正によりGPS端末を装着されている被告人が制限住居を離脱した場合には、改正刑訴法95条の3による処罰だけではなく、被告人の位置情報を取得できるようにして、その所在場所によっては犯罪被害者等に連絡するなど、うまくリンクできるようになればより良いと考える。

　筆者は、この制限住居離脱罪の新設を端緒として、犯罪被害者等への接触禁止等も含めた保釈条件を遵守させる方策の在り方全般についての議論に発展できれば良いのではないかと考えている。[16]

（5）⑥禁錮以上の実刑判決宣告後における裁量保釈の要件の明確化

　一審で禁錮以上の実刑判決が宣告された後は、類型的に逃亡のおそれが高ま

16　部会において、筆者が、「逃亡防止」関係部会であることから罰則の案は制限住居の条件違反に限定されただけであって、そのほかの保釈条件を遵守させるための方策を議論する場というのも今後あり得ると理解してよいかと質問したところ、事務当局から、今後、運用を見て立法事実等も踏まえながら検討していくことになるのではないかとの回答があった。部会第12回議事録10～11頁、天野康代委員発言、吉田雅之幹事発言。

ることから、この場合の裁量保釈はより制限的に適用されるということを条文上明確にしようとしたものである。

（6）⑦控訴審における判決宣告期日への被告人の出頭の義務付け等

控訴審においては被告人に公判期日への出頭義務がなく（刑訴法390条本文）、出頭していない被告人については実刑判決の宣告後直ちに収容できず逃亡の機会を与えることにもなるため、判決宣告期日への出頭を義務付けることにより、保釈等が失効した場合の収容を確保するものである。

（7）⑧保釈等の取消し及び保釈保証金の没取に関する規定の整備

従前、保釈された者について禁錮以上の実刑判決が確定した後に逃亡したときは保釈保証金の必要的没取が定められていたが、確定前であっても、判決宣告後に逃亡した場合には保釈の取消しと保釈保証金の没取を必要的とするものである。

判決確定の前後で逃亡したことに対する効果が異なることは一般市民の理解を得にくいと思われるし、犯罪被害者等にとっても、被告人が逃亡したことにより不安等を感じたことに変わりがないのに、判決が確定していないというだけで保釈保証金を没取されずに済むのは釈然としないことから、犯罪被害者等の視点からも歓迎すべきものと考える。

2 ⑤GPS端末により保釈中の被告人の位置情報を取得・把握する制度について

（1）制度内容

要綱では、裁判所は、被告人が国外に逃亡することを防止するため必要がある場合に限って、当該被告人にGPS端末の装着を命じることができるとされた。

そして、GPS端末の装着を命じられた被告人には、飛行場又は港湾施設周辺区域等の所在禁止区域内に裁判所の許可なく立ち入らないこと、GPS端末を自己の身体に装着し続けること、GPS端末を損壊したり電波を妨害したりする行為を行わず充電等の必要な管理を行い、異常の発生を知ったときは遅滞なく裁判所に報告することなどの遵守事項が定められ、遵守事項違反に該当する行為をすることを保釈取消事由とするとともに罰則も設けるものとされた。

38　第1部　近年の被害者支援をめぐる動向

さらに、被告人が所在禁止区域に入ったときや GPS 端末が被告人の身体から離されたとき、人工衛星等との通信が途絶したときには、被告人の身柄確保の措置として原則として被告人を勾引することとされた。

（2）法制審逃亡防止部会における議論

部会においては、GPS 端末の装着を命じることができる被告人の範囲や要件について、国外逃亡を防止する必要がある場合に限定するか、より広い範囲の被告人を対象にするかが論点となり様々な意見が述べられた。

国内における逃亡防止や、被害者を含む証人等に対する接触を防止する必要がある場合にも GPS 端末を装着できるようにすべきであるという意見があった[17]一方で、これに反対する意見もあった。具体的には、被告人が国外に逃亡すると我が国の主権が及ばないことから公判期日への出頭や刑の執行確保が極めて困難になるため、それを阻止する必要性が特に高く、また、被告人が空港や港に接近した場合に警戒警備をすれば出国による逃亡を相当程度防止できるなど GPS 技術を効果的に活用できるとか[18]、制度を円滑に導入して定着させていくためにはまずは国外逃亡のおそれがある場合を対象として制度を始めるのが現実的であるといった意見[19]などである。そして議論の結果、最終的には、国外逃亡を防止する必要がある場合に限定するものとされた。

（3）私　見

保釈中の被告人が逃亡すれば社会不安が生じることに加え、前述のとおり保釈取消事由として改正前刑訴法96条1項4号の犯罪被害者等に害を加えたり畏怖させたりするものや、同条同項5号の保釈条件違反によるものも増えており、この保釈条件違反の中では特定の者への接触禁止の条件に違反したことを理由とするものが多いという実情がある。

そうであるとすれば、逃亡防止という目的に限定せず、もっと積極的に、犯罪被害者等や証人に対する接触を防止する必要がある場合を含めても良かったのではないか。「逃亡防止」関係の部会ではあったものの、保釈の際に付する

17　部会第5回会議議事録10頁、天野委員発言。部会第8回会議議事録2頁、菅野亮委員発言。部会第9回会議議事録4頁、高井康行委員発言。

18　部会第8回会議議事録7頁、佐藤隆之委員発言。

19　部会第8回会議議事録11頁、北川佳世子委員発言。

ことができる条件の一つとして GPS 端末装着の義務付けが議論されていたことから、要件としては「必要があると認めるとき」と広くして裁判官の運用に委ね、犯罪被害者等への接触を禁止する場合を含めても良かったのではないかと考える。

　犯罪被害者支援の現場においては、被告人が保釈されたと聞いて外に出ることに不安を感じ、仕事や学校に行けなくなるとか、自宅への帰り道で被害に遭った場合には自宅近くで落ち着いて買い物もできないとか、実際に日常生活に支障が生じる犯罪被害者等も相当数いる。保釈に際しての遵守事項に犯罪被害者等との接触禁止が含まれることは多く、また、被告人が一定の地域に立ち入らない等の誓約をすることもあるが、接触された後で保釈が取り消されても被害者にとっては既に遅く、被告人の誓約も約束ベースのものでしかない。

　このような現状において、GPS 端末の装着は条件等の遵守を担保するものとして機能することが期待できる。すなわち、例えば立入禁止とした地域に被告人が入ったことを検知して端末が振動したり警告音が鳴る等すれば、保釈中の被告人が犯罪被害者等と接触する可能性を相当程度低減できると考えられる。

Ⅳ　今後の課題と展望

　令和 5 年改正では被告人の心理に働きかけて間接的に逃亡を防止するための改正が多くなされたが、より直接的に逃亡を防止するための仕組みとして GPS 端末装着の義務付けが導入された。

　逃亡事案のうち大抵は、逃亡すれば何らかのペナルティーがあると分かっていても逃亡していると思われることから、逃亡防止のためのより直接的な手段が設けられたことは歓迎したい。

　前述したとおり、性犯罪でも強制わいせつ罪（現不同意わいせつ罪）などでは保釈が増えているところであり、犯罪被害者等の中には、被告人が保釈されることにより接触されるのではないか等の不安を感じる人も相当数いる。そのようなときには、支援弁護士から、制限住居の説明や、犯罪被害者等への接触禁止などの遵守事項があるという説明をして不安を和らげるが、被告人が逃亡し

てどこにいるのか分からないという状況になれば、犯罪被害者等は非常に大きな不安を感じることになる。その意味でも、保釈された被告人がそもそも逃亡できないようにする仕組み作りは、保釈制度に対する信頼作りともいえる。

保釈される被告人が増えること自体に異論はないが、同時に、社会の一員たる犯罪被害者等の生活上の不安についても適切にフォローがなされなければならない。

費用対効果や人員配置等安定した運用を図るための視点も重要で、GPS 端末装着を義務付けられる被告人の数が爆発的に増えれば解決すべき問題も増えることにはなるが、だからといって犯罪被害者等の保護のために利用することを端から除外する必要もないように思われる。

この点については、事務当局から、まずは国外逃亡が懸念される事案に絞って開始し、施行の状況を勘案しながら改善できるところは改善して、必要に応じて対象を広げることも排除されるものではないとの説明がなされたところでもあるので、いずれは目的を限定せずもっと積極的に、犯罪被害者等の保護のため、具体的には特定の場所や区域への立入を禁止するような保釈条件と絡めて活用できるようになれば良いと考えている。

20　部会第12回会議議事録14-15頁、天野委員発言、吉田幹事発言。

第**4**章	運用を開始した「刑の執行段階等における 被害者等の心情等の聴取・伝達制度」の 現状と今後の展望

齋藤　実

Ｉ　本章のポイント

　2023（令和 5 ）年12月 1 日から、「刑の執行段階等における被害者等の心情等の聴取・伝達制度」（以下、単に「心情等伝達制度」あるいは「本制度」とした場合には、「刑の執行段階等における被害者等の心情等の聴取・伝達制度」を示す。）が運用を開始した。

　本制度は、犯罪被害者等（家族や遺族が含まれることから「等」と呼ぶ。犯罪被害者等基本法 2 条 2 項参照）が自らの心情や置かれている状況又は加害者の生活および行動に関する意見など（「心情等」と呼ぶ。刑事収容施設及び被収容者等の処遇に関する法律〔以下「刑収法」〕84条の 2 第 1 項、少年院法23条の 2 第 1 項参照）について刑務官又は法務教官（以下、本制度を担当するこれらの職員を「被害者担当官」と呼ぶ。）から聴取を受け、刑務所に収容されている受刑者や少年院に収容されている少年に伝達する（以下では、受刑者と少年をあわせて「加害者」とする。）。犯罪被害者等には加害者に伝達した内容などを知らせ、希望する場合には加害者が述べた内容なども知らせる。

　本制度に先行する犯罪被害者等の心情等に配慮する制度としては、仮釈放等を許すか否かに関する審理で犯罪被害者等の意見等を聴取する意見等聴取制度（更生保護法38条・42条）、あるいは更生保護における心情等聴取・伝達制度（以

1　2023（令和 5 ）年の刑法等の一部を改正する法律（令和 4 年法律第67号）において、更生保護法65条は被害者等の心情等の「聴取」及び伝達と規定し、新たに「聴取」が加わった。なお、同法では、犯罪被害者等の心情等への考慮を運用基準に明記するなど（ 3 条）、犯罪被害者等への支援に関する法改正もなされた（同法50条・57条第 1 項 5 号参照）。

42

下、「更生保護における心情等伝達制度」という。同法65条）がある。本制度は、これらの制度よりもより早い時期に心情等を聴取・伝達することから、犯罪被害者等への配慮を一層充実させる制度として期待される。

本章では、心情等伝達制度の現状概観した上で、課題を含めた今後の展望を考えていきたい[2]。

Ⅱ　制定の経緯

1　更生保護における心情等伝達制度について

心情等伝達制度に先行する制度として、2007（平成19）年12月、更生保護における心情等伝達制度が制定された[3]。

保護観察所の長は、原則として、保護観察対象者が犯罪被害者等から心情等を述べたい旨の申出があったときは、当該心情等を聴取するとともに（更生保護法65条1項）、心情等の伝達の申出があったときは、当該保護観察対象者に伝達する（同条2項）。この趣旨は、「保護観察において、保護観察対象者の反省や悔悟の情を深めさせ、その改善更生を図らせるため」に心情等を保護観察対象者に対して具体的に認識させることにあるとする[4]。

心情等を伝達する件数は、2023（令和5）年は154件であった[5]。毎年、概ね150件くらいで推移しており、安定的に利用されている。

2　更生保護における心情等伝達制度の制度的な限界

更生保護における心情等伝達制度は、加害者が「保護観察対象者」である場合に限定される。2022（令和4）年、仮釈放率は63.0%であり[6]、仮釈放となら

2　施行前の状況について、齋藤実「矯正における犯罪被害者等の支援──刑の執行段階における心情等聴取・伝達制度を中心として」刑事法ジャーナル75号（2023年）38-43頁も参照ください。

3　同年、更生保護における犯罪被害者等支援施策として、更生保護における心情等聴取・伝達制度とともに、意見等聴取制度、被害者等通知制度さらに相談支援が導入された（内閣府『平成20年度版　犯罪被害者白書』（2008年）71-74頁）。

4　鎌田隆志「第166回国会主要成立法律（1）更生保護法」ジュリスト130号（2007年）70頁。

5　法務省・法務総合研究所編『令和6年版　犯罪白書』（2024年）299頁。

ない約40％の場合では、この制度を利用できない。さらに、無期刑受刑者では、同年、仮釈放を認められた者は5人にすぎず[7]、ほとんどの無期刑受刑者に更生保護における心情等伝達制度を使うことはできない。

加えて、仮釈放が認められたとしても、刑の執行率（執行すべき刑期に対する出所までの執行期間の比率）は高い。同年、刑の執行率は、90％以上が34.3％であり、80％以上90％未満も47.2％であった。犯罪被害者等は短い保護観察期間に自らの心情等を伝達しなければならないことになる。

このように更生保護における心情等伝達制度は、保護観察対象者に対してのみ行われ、しかも短い保護観察期間を利用しなければならないという制度的な限界を内包している。

「刑の執行段階」であれば、刑務所や少年院に収容された全ての加害者を対象とでき、利用できる犯罪被害者等の範囲が拡大する。しかも、更生保護における心情等伝達制度よりも、早い時期に心情等を伝達できる。このように選択の幅を広げることは、犯罪被害者等への配慮のための施策として重要な意義を有する。

3 心情等伝達制度の施行

2017（平成29）年、法務大臣から法制審議会に対して諮問（第103号）がされ[8]、2020（令和2）年、法制審議会から法務大臣に対しての答申の中で、「刑の執行段階等における犯罪被害者等の心情等の聴取・伝達制度」[9]が盛り込まれた。第4次犯罪被害者等基本計画[11]では、「加害者処遇における犯罪被害者等への配慮」[10]

6　法務省・法務総合研究所編『令和6年版　犯罪白書』（2024年）74-76頁。

7　法務省・法務総合研究所編『令和6年版　犯罪白書』（2024年）77頁。なお、無期懲役刑の裁判確定人員を見ると、同年は10人であった（同43頁）。

8　再犯の防止等の推進に関する法律11条2項は、犯罪をした者への指導は「犯罪被害者等の心情の理解を促」し「円滑な社会復帰に資する」ように留意しなければならないとした。さらに、再犯防止推進計画（平成29年12月15日閣議決定）では、法制審議会の答申を踏まえ所要の措置を講じるとした。

9　法制審議会少年法・刑事法（少年年齢・犯罪者処遇関係）部会。

10　諮問第103号に対する答申案、法務省法制審議会第188回会議（令和2年10月29日開催）、https://www.moj.go.jp/shingi1/shingi03500038.html（最終閲覧：2024年8月18日）。

11　犯罪被害者等の視点に立った保護観察処遇の充実などもあげられている（第4次犯罪被害

が1つの柱とされ、心情等伝達制度について必要な施策を実施することとした。

2022（令和4）年、刑法等の一部を改正する法律（令和4年法律第67号）が成立し、刑事収容施設及び被収容者等の処遇に関する法律と少年院法が改正され（以下「改正刑収法」、「改正少年院法」という。）、前述の通り、翌2023（令和5）年12月1日から心情等伝達制度は運用されている。

Ⅲ 心情等伝達制度の概要及び現状

1 心情等伝達制度の概要

（1）意 義

心情等伝達制度の第1の意義は、犯罪被害者等への配慮である。本制度を通じて、犯罪被害者等が心情等を被害者担当官に述べ、その心情等を加害者に伝達することで、被害者等は被害から回復するきっかけを得る可能性がある。第2の意義は、加害者の改善更生である。本制度を通じて、犯罪被害者等の心情等の伝達を受けた加害者が自らの行いを反省し、改善更生する可能性もある。

もっとも、加害者の改善更生を、犯罪被害者等への配慮に優先させてはならないことには、留意が必要である。本制度は、改正刑収法や改正少年院法に規定され、加害者の処遇に関する法律に規定している。そのため、本制度は、あたかも加害者の処遇のための制度であるかのような「誤解」を生じさせる可能性がある。しかし、加害者は、自ら起こした犯罪に第一義的な責任を負う。それにもかかわらず、その加害者の改善更生が、被害者等の配慮に優先とされることは不適切である。本制度のより重要な意義は犯罪被害者等への配慮であり、加害者の改善更生は、犯罪被害者等が心情等を伝えることにより、「結果的・反射的」に生じると考えるべきである。[12]

者等基本計画、https://www.npa.go.jp/hanzaihigai/kuwashiku/keikaku/pdf/dai4_basic_plan.pdf、2021年、30頁（最終閲覧：2024年8月18日）。

12 齋藤・前掲論文（注2）41頁。

（2） 本制度の流れ

（ア）はじめに

本制度の流れについて法務省矯正局が作成したリーフレットでは、①申出書の提出、②心情等のお伺い（以下「聴取」）、③心情等の伝達（以下「伝達」）、④伝達結果の通知の4つの段階に分けている[13]。また、心情等の伝達が、加害者への矯正教育に活用されることも記載している。

（イ）①申出書の提出について

犯罪被害者等からの申出及び受付の後、犯被害者等に聴取の日時場所などが通知される。聴取の場所は、法務省の施設（矯正管区・矯正施設）などが予定されている。

（ウ）②聴取について

被害者担当官は犯罪被害者等から心情等を聴取し、その内容を書面にまとめる。いかに聴取を丁寧に行い、犯罪被害者等の心情等を書面に表現できるかが、本制度の趣旨を実現させるために極めて重要である。そのため、被害者担当官は十分な時間をかけて丁寧に聴取をする必要がある。

刑事施設の長は、原則として、犯罪被害者等から心情等を述べたい旨の申出があったときは当該心情等を聴取する（改正刑収法84条の2第3項）。また、少年院でも、少年院の長は、原則として、犯罪被害者等から心情等を述べたい旨の申出があったときは当該心情等を聴取する（改正少年院法23条の2第2項）。

（エ）③心情等の伝達について

被害者担当官が心情等を記載した書面を加害者の面前で読み上げ伝達する[14]。

刑事施設の長は、原則として、犯罪被害者等から、聴取した心情等を受刑者に伝達することを希望する旨の申出があったときは、一般改善指導を行うに当たり、当該心情等を受刑者に伝達する（改正刑収法103条4項）。また、少年院で

13　https://www.moj.go.jp/KYOUSEI/SHINJO/common/doc/overview/Leaflet.pdf（最終閲覧：2024年8月18日）。

14　更生保護における心情等伝達制度では、「被害者担当官」と呼ばれる犯罪被害者支援を担当する保護観察官が聴取をし、「主任官」と呼ばれる加害者処遇を担当する保護観察官が心情等聴取書（心情等記述書）を朗読して伝達する。これに対して、心情等伝達制度は、同一の「被害者担当官」が聴取と伝達を行う。被害者担当官が自ら聴取をしていることから、より犯罪被害者等の心情等を汲み取り伝達することが期待される。

も、少年院の長は、原則として、犯罪被害者等から聴取した心情等を在院者に伝達することを希望する旨の申出があったときは、生活指導を行うに当たり、当該心情等を在院者に伝達する（改正少年院法24条5項）。

（オ）④伝達結果の通知について

犯罪被害者等には加害者に心情等を伝達した年月日や内容を書面で知らせるとともに、希望する犯罪被害者等には加害者が述べた内容などを知らせる。

本制度では、心情等を聴取し伝達する回数の制限がない。そのため、犯罪被害者等がさらに心情等の聴取・伝達を希望する場合には、再度、本制度の申出をすることができる。

（カ）加害者への矯正処遇について

加害者（受刑者）の矯正処遇は、処遇要領に基づいて行う。処遇要領とは、矯正処遇の目標並びにその基本的な内容及び方法を受刑者ごとに定める矯正処遇の実施の要領をいう（刑収法84条2項）。刑事施設の長は、処遇要領を定めるに当たっては、心情等などの事情を考慮する（改正刑収法84条の2第1項1文）。もっとも、心情等の伝達は、収容後一定期間経過した後の場合もあり、その場合には、処遇要領を変更する（同条項2文）ことで対応する。

この処遇要領に基づき、一般改善指導、特別改善指導さらには日々の処遇が行われる。

2　心情等伝達制度の現状

2023（令和5）年12月の開始から2024（令和6）年2月末までの受理件数は、30件であった。[15]30件のうち犯罪被害者本人の申請が12件、遺族や保護者らが18件であった。施設区分で見ると、刑務所などの刑事施設が23件で、少年院は7件だった。犯罪被害者等の具体的な心情等は「被害弁償をしてほしい」「（仮釈放など）施設から出ることに反対だ」などであった。

その後、2024（令和6）年5月末までの受理件数はのべ59件で、50件で被害者遺族からの聴き取りが行われ、42件で加害者に伝達がされた。交通事故、詐

15　https://nordot.app/1146002312730181706?c＝768367547562557440（最終閲覧：2024年3月29日）

欺、殺人事件などの犯罪被害者等が利用し、「犯した罪について、どのように考えているか知りたい」などの心情等を伝達した。[16]

Ⅳ　心情等伝達制度の今後の展望

1　心情等伝達制度の活用について

更生保護における心情等伝達制度の利用件数が2022（令和4）年は170件、毎年概ね150件である。これに対して、心情等伝達制度開始後3か月で30件、6か月で59件は、これをやや下回るペースである。もっとも、更生保護における心情等伝達制度も開始当初の2008（平成20）年には61件、2009（平成21）年83件、2010（平成22）年97件と徐々に利用件数を伸ばしてきた。[17]そのため、59件という数字は必ずしも低いものとはいえないかもしれない。

他方で、前述の意見等聴取制度（更生保護法38条）では、2022（令和4）年の運用状況は、延べ305件（仮退院の審理は24件）であり、[18]同制度に比べると心情等伝達制度の利用件数は少ない。仮に、犯罪被害者等の中で利用をしたいものの、何らかの理由で利用ができないのであれば、その対策を考える必要がある。

まず、犯罪被害者等が、そもそも心情等伝達制度について知らないということが考えられる。既に様々な広報活動を行っているものの、被害者等通知制度を利用する犯罪被害者等に対する広報活動などは考えられてよい。

また、犯罪被害者等が心情等を伝達することへの不安を感じないように最大限の配慮が必要である。聴取をする環境について、法務省の施設以外でも、犯罪被害者支援センターや場合によっては犯罪被害者等の自宅などの積極的な活用が考えられてよい。一人では不安を感じる犯罪被害者等には、事件直後から支援にあたった被害者支援センターの職員や犯罪被害者支援弁護士等が同席す[19]

16　https://www3.nhk.or.jp/news/html/20240701/k10014496021000.html（最終閲覧：2024年8月1日）

17　https://www.moj.go.jp/content/001240341.pdf（最終閲覧：2024年4月25日）

18　法務省・法務総合研究所編『令和6年版　犯罪白書』（2024年）299頁。

19　犯罪被害者支援弁護士については、本書第1部第1章参照。

48　第1部　近年の被害者支援をめぐる動向

ることも考えられてよい。

さらに、犯罪被害者等によっては、刑務所や少年院に対する漠然とした不安を感じている方もおり、これらの施設の状況について知ってもらうことも大切である。筆者はかつて共同研究で、受刑者を親に持つ子ども向けに、刑務所の状況について説明した「はなれている家族を知りたい子どもたちへ」というタイトルのリーフレット[20]を制作したことがある。[21]被害者担当官が、このようなリーフレットを活用して、刑務所等の概要について説明をしてもよいであろう。

2　犯罪被害者等と加害者との「やり取り」の可能性──修復的司法の可能性

心情等伝達制度が導入されることにより、心情等伝達制度→意見等聴取制度[22]→更生保護における心情等伝達制度という３つの段階で犯罪被害者等の心情等に配慮することとなった。[23]さらに、心情等伝達制度は、申出回数を制限していない。そのため、伝達結果の通知を受けた後、改めて、心情等伝達制度の申出をすることも考えられる。これらの過程は、加害者と被害者等との一種の「やり取り」が生じているということができるであろう。このやり取りは、いわば日本型の修復的司法ということもできるかもしれない。

このやり取りに際して、犯罪被害者等と加害者との間の仲介をする被害者担当官が重要な役割を果たす。被害者担当官が犯罪被害者の心情等を正確に把握しそれを書面にし、その心情等を十分に踏まえた上で、犯罪被害者等の心情等に最大限配慮して加害者に対して書面を丁寧に読み上げることが重要である。また、加害者の状況を確認することも必要である。本制度は、犯罪被害者等の

20　https://bestinterests-emun.com/（最終閲覧：2024年５月22日）

21　矢野恵美＝齋藤実「受刑者を親にもつ子どもたちのための冊子づくり」刑政134巻４号（2023年）110-117頁。

22　意見等聴取制度は、刑務所収容中の加害者の仮釈放審査に当たり、犯罪被害者等の意見等を地方委員会が聴取する制度である（更生保護法38条１項）。もっとも、犯罪被害者等は自らの意見等が、仮釈放審理にどのような影響を与えたかを知ることはできない。また、意見等を聴取する地方委員会委員は、必ずしも犯罪被害者等支援の専門家ではないなど、意見等聴取制度自体の問題は少なくない。

23　太田達也「自由刑の執行過程における被害者の意見聴取及び伝達制度──修復的矯正・修復的保護観察への発展可能性を含めて」山口厚他編『高橋則夫先生古稀祝賀論文集〔下巻〕』（成文堂、2022年）921頁。

心情を速やかに加害者に伝える必要があるが、その中でも、収容施設の担当職員と綿密な打ち合わせをしたうえで、加害者が犯罪被害者等の心情等を受け容れる体制が少しでも整った状態で、心情等を伝達することが重要である。

　もっとも、1人の被害者担当官ができる経験には限りがある。それぞれの経験を1つ1つ蓄積し、それを研修等で共有することで、さらに各被害者担当官の技量を上げることが望まれている。[24][25][26]

3　加害者への矯正教育の充実

　加害者の改善更生は、結果的・反射的に生じるものであるものの、本制度が加害者への矯正教育の充実に役立つとの期待の声も大きい。

　まず、加害者が心情等の伝達を受けるに当たり、可能な限り、加害者に心情等を受け容れる準備ができていることが望ましい。その際に、特別改善指導である「被害者の視点を取り入れた教育」（被害者視点教育）の役割が大きい。現在、同教育は、導入プログラム、準備プログラム、本科プログラムさらに継続プログラムが行われ、特に導入プログラムは刑執行開始時指導後概ね1年以内に実施される。心情等伝達制度と同教育とを、事実上連携する運用が期待される。また、心情等が伝達された後に、その心情等を教育にいかすことが欠かせないことから、この場合にも被害者視点教育との連携が重要になる。

24　心情等伝達制度が導入する前に、法務省矯正局では集合研修を行っている（鈴木克征「被害者等心情等聴取・伝達制度の運用開始に向けて」刑政134巻9号（2023年）25-27頁）。今後も、研修を継続的に行うことは不可欠であり、その際には、各被害者担当官の経験を共有することが不可欠であろう。

25　太田達也「矯正における被害者支援と犯罪者処遇の両立──刑及び保護処分の執行段階における心情聴取及び伝達制度と被害者の視点を取り入れた教育の課題」法学研究95巻12号（2022年）119[30]～116[33]頁では、精神障害者や死刑確定者の被害者が本制度を利用する場合の課題についても指摘している。

26　2009（平成21）年、兵庫県弁護士会犯罪被害者・加害者対話センターが開設され、現在も①被害者・加害者間の対話の実現、②謝罪文銀行事業を継続している（開設当時の状況については、荻野淳「兵庫県弁護士会犯罪被害者・加害者対話センターの開設と実践」自由と正義61巻9号（2010年）16-20頁）。日本で被害者と加害者の対話を実現しようとしている数少ない貴重な取組みであり、この経験は本制度の運用に当たって十分に共有されるべきであろう。

また、一般改善指導では「対話」というプログラムが導入され、オープンダイアログを重視した教育が行われる。処遇部門の担当刑務官、教育専門官さらには処遇カウンセラーも加わり、受刑者と対等な関係にもとづいて対話を重ねる。対話の中で、犯罪被害者等の心情等を汲み取った教育をすることが期待される。

　さらに、加害者に犯罪被害者等の心情等を理解させ、改善更生を促すには、日常の処遇や生活こそ重要である。担当の職員、社会復帰支援官さらには処遇カウンセラーなどが1つのチームとして犯罪被害者等の心情を共有し、当該加害者への処遇にいかすことが望まれる。

　心情等伝達制度により、被害者担当官はもちろん他の職員も、今までほとんど知ることのなかった犯罪被害者等の心情等を目の当たりにすることになる。これらの職員とともに、さらには施設全体の意識の変化をもたらすことも期待される。

Ⅴ　心情等伝達制度が期待に応える制度となるために

　本制度は、意見等聴取制度、更生保護における心情等伝達制度とともに、犯罪被害者等の心情等に配慮する制度として重要な意義を有している。特に、本制度は、刑の執行段階という事件発生から比較的短い期間に利用することが可能であることから、犯罪被害者等への支援として期待されている。また、加害者処遇にも変化をもたらす可能性があり、加害者はもちろん、加害者の処遇を担当する職員の意識変化をも期待しうる。犯罪被害者等が本制度をきっかけとして、加害者との間に「やり取り」を行う可能性さえもある。

　もっとも、そのためには本制度が十分に活用されるための環境を整えることは必須である。犯罪被害者等が安心して制度を利用できるための聴取の場所を整えるとともに、同席者についても要望に最大限配慮するべきである。リーフレットを活用するなどして、刑務所や少年院の様子を犯罪被害者等に伝えることも必要となる場合もある。

　さらに、本制度を成功させるか否かの大きなカギを担うのは、被害者担当官である。被害者担当官には、犯罪被害者等への支援に関する高い専門的な知

識、経験も求められる。そのためには被害者担当官への教育とともに、矯正全体で本制度に取り組むことが必要である。

　犯罪被害者等への支援を考える上で重要なことは、犯罪被害を他人事と考えず、自らが犯罪被害者等となった場合に、果たしてどのような制度設計を望むかを考え制度構築することである。心情等伝達制度も例外ではない。犯罪被害者等にとって、本制度の利用しやすい運用とは何か、本制度に関わる者すべてが知恵を出し合うことが必要である。犯罪被害者等のニーズを先回りして、制度を構築することが求められる。

第5章　民事執行法改正後の財産状況調査と損害賠償請求の実効化

町村　泰貴

I　本章のポイント

　犯罪被害者等が民事上の権利として加害者に対して損害賠償を求める手続は、以前は通常の債権行使と同様の制度の下におかれていた。債権の実現のためのプロセスを、債権の存在を確定する手続と確定された債権を強制的に実現する手続とに分けると、債権確定手続については2000（平成12）年に刑事和解の制度[1]が導入され、また2007（平成19）年に刑事裁判における損害賠償命令制度[2]が導入されることによって、大きく前進した。しかし、強制的実現手続については、犯罪被害者のための特別な制度が設けられているわけではない。

　そもそも我が国の民事司法制度の中でも権利の強制的実現手続は脆弱で、特に金銭債権の強制執行手続に実効性が欠けているという批判が強く唱えられていた。そこで、取引債権に関して法定または約定の典型担保があり、その上で様々な非典型担保が発達してきたが、犯罪被害者が事前に約定担保を用意しておくことは考えられないので、民事執行手続に実効性が欠如していれば、被害者救済の事実上の否定につながることになる。

1　犯罪被害者等の保護を図るための刑事手続に付随する措置に関する法律（平成12年法律第75号）4条。なお、同法は平成19年法律第95号により現在の「犯罪被害者等の権利利益の保護を図るための刑事手続に付随する措置に関する法律」と題名が変更された。刑事和解に関する規定は現在同法19条以下に移されている。以下、犯罪被害者等保護法と略する。

2　犯罪被害者等保護法24条以下。基本的な文献として、奥村正雄「犯罪被害者等の損害回復と損害賠償命令制度」ジュリスト1338号（2007年）63頁、齋藤実「刑事手続における損害賠償命令制度の現状と課題」獨協法学106号（2018年）351頁、太田達也『犯罪被害者への賠償をどう実現するか』（慶應義塾大学出版会、2024年）。

もちろん、これまでも民事執行手続の実効性を上げるための改革がなされな
かったわけではない。1979（昭和54）年の民事執行法制定が、1890（明治23）年
以来の旧々民事訴訟法に規定された強制執行の近代化であり、1989（平成元）
年の民事保全法制定と併せて債権回収の実効性を高めるものであったし、いわ
ゆるバブル経済崩壊後の民事手続法改革の中では、2003（平成15）年の担保物
権及び民事執行制度の改善のための民法等の一部を改正する法律（平成15年法
律第134号）が、その実効性を高める方向のものであった。本章が対象とする債
務者の財産状況調査に関する手続も、2003（平成15）年の民事執行の実効性を
向上させる改革の一環として創設され、令和になって、第三者からの情報取得
が加わり、さらに強化されたものである。

　そこで、本章では2003（平成15）年の財産開示手続導入に関する経緯とその
限界を説明し（Ⅱ）、令和における改正内容を検討し（Ⅲ）、犯罪被害者が加害
者に対する損害賠償請求を通じて被害救済を図る制度の課題と展望をまとめる
こととする（Ⅳ）。

Ⅱ　債務者の財産開示制度制定までの経緯

1　財産開示制度創設前の状況

　債務者の財産開示制度が導入されたのは、前述の通り、2003（平成15）年の
民事執行法改正においてであるが、それ以前に債権者が債務者の強制執行可能
な財産を探索する制度は、少なくとも民事執行法および民事保全法には存在し
なかった。

　実務上は、弁護士法23条の2に規定された弁護士会照会により、銀行口座の
有無、内容に関する調査が試みられ、顧客情報の守秘義務を主張する銀行との
間で粘り強い交渉が行われた。現在では、債務名義を有する場合の債権執行目
的での全店照会が可能となっている[3]。しかしながら、弁護士会照会は報告義務
があるとの主張が弁護士会からされている[4]ものの、判例は報告義務に違反した

3　その経緯等につき、佐藤三郎＝加藤文人＝京野垂日編『弁護士会照会ハンドブック』（金
　融財政事情研究会、2018年）72頁参照。
4　例えば、日本弁護士連合会調査室編著『条解弁護士法（第5版）』（弘文堂、2019年）179

54　第1部　近年の被害者支援をめぐる動向

場合でも照会先が弁護士会に対して損害賠償義務を負うことはないとし、さらに弁護士会が照会先に対して報告義務の存在確認の訴えを提起する利益もない[6]とする。

これに対して学説上も、債務者財産調査の手続を創設する必要があるとの議論は乏しく、後述するドイツの財産開示制度を紹介しながら我が国への導入には否定的なもの[7]のほか、石川明教授の導入試案[8]および内山衛次教授の積極的導入論[9]が展開されるにとどまっていた。

2 諸外国の状況

諸外国においては、特にドイツの強制執行手続において、すでに1877年のCPO の時代から開示宣誓制度が存在し、債務者が財産目録を提出して開示宣誓をすべき義務を負っていた[10]。ついで1898年には開示宣誓した者のリスト（債務者表）を作成して一般の閲覧に供する制度が導入され、さらに1997年の改正を経て、2009年の改正により、債務者本人の財産開示に加えて執行官による第三者からの債務者財産情報取得を法定した。これによって執行官は年金保険者を通じて債務者の使用者の調査を行うことができ、また税務当局を通じて債務者の口座情報を調査し、さらに連邦自動車庁を通じて債務者の所有する自動車の情報を取得することができる[11]。

頁は、判例が報告義務を認めているという微妙な表現にとどめているが、その後の記述は報告義務の存在を前提としたものとなっている。

5　最判平成28・10・18民集70巻 7 号1725頁。

6　最判平成30・12・21民集72巻 6 号1368頁。なお、この判決は前注の平成28年最判の差戻後の上告審である。

7　沖野威「ドイツ民事訴訟法上の開示宣誓 offenbarungseid 監置 Haft 及び債務者名簿について（松田判事在職40年記念）」鈴木忠一編集代表『会社と訴訟・下』（有斐閣、1968年）1069頁。

8　石川明『ドイツ強制執行法研究』（成文堂、1977年） 1 頁。

9　内山衛次『財産開示の実効性——執行債権者と執行債務者の利益』（関西学院大学出版会、2013年）121頁以下（初出・1998-1999年）。

10　この制度はローマ法における相続人の財産目録作成規定に起源を有し、普通法時代を経て受け継がれたものである。内山・前掲書（注 9 ）75頁。

11　以上につき、内山・前掲書（注 9 ）44頁以下参照。

これに対してフランスにおいても、1973年に初めて扶養料債権者のための債務者財産調査が導入され、1983年には租税債権者のための財産調査手続が整備された。[12]一般の債権者のために債務者財産開示のための手続が整備されたのは、1991年の民事執行手続法制定によってである。[13]現在は、民事執行手続法典L.152-1条[14]以下に「情報の収集」と題する章をおき、以下のような規定が定められている。

すなわち、L.152-1条では、国、州、県および市町村の行政機関、公施設法人などが、債務者の住所、使用者、第三債務者または受寄者の身元および住所、そして債務者の不動産特定情報について執行士に伝達義務を負うことが定められ、L.152-2条では金融機関が債務者名義の口座情報の執行士に対する開示義務を負うことが定められている。[15]

3　日本における財産開示と財産調査制度の導入

以上のような状況で、2003（平成15）年に、民事執行手続の効率化のための立法の一環として、民事執行法第4章「財産開示手続」が導入され、2004（平成16）年4月1日より施行された。

その内容は、債権者の申立てに基づいて執行裁判所が非公開の財産開示期日を開き、その期日において債務者が強制執行の対象となる財産について陳述し、強制執行または担保権の実行に必要な事項を開示するというものである。

12　Nicolas Cayrol, Droit de l'exécution, 3e éd., LGDJ, 2019, no 402.

13　その紹介について、山本和彦「フランス新民事執行手続法について」ジュリスト1040号（1994年）69頁、特に71頁、同「フランス法からみた金銭執行の実効性確保」判例タイムズ1379号（2012年）44頁以下参照。なお、立法時の文献紹介ではあるが、町村泰貴「紹介・La réforme des procédures civiles d'exécution, RTDCiv. 1993」民事訴訟雑誌40号（1994年）262頁参照。

14　フランスの条文番号の振り方については、町村泰貴『21世紀のフランス民事訴訟法』（民事法研究会、2024年）2頁以下参照。

15　条文については法務省大臣官房司法法制部編『フランス民事執行法典』（法曹会、2018年）43頁以下。なお、同書で「執行吏」と訳し、本章で執行士と訳しているのはいずれもhuissier de justice である。この職種は2022年7月より commissaire de justice となっている。町村・前掲書（注14）18頁。しかし、民事執行手続法典 L.152-1条以下は、本章執筆時点の legifrance でも依然として huissier de justice のままである。

56　第1部　近年の被害者支援をめぐる動向

ただし、以下のような制限があった。

まず債権者は執行力ある債務名義の正本を有する者または一般の先取特権者である（民事執行法197条1項および2項[16]）が、その債務名義には仮執行宣言によるもの（同法22条2号および4号）、執行証書（同条5号）および確定判決と同一の効力を有する支払督促（同条7号）が除かれていた（同法197条1項括弧書き）。

また開始決定には、強制執行または担保権の実行により完全な弁済を得られなかったこともしくは完全な弁済が得られないことの疎明があったことが必要であり（同条1項1号および2号ならびに2項1号および2号[17]）、また財産開示手続の申立前3年以内に財産開示期日が開かれて財産についての陳述がされていた場合は、一部の財産の不開示や新たな財産取得、債務者と使用者の雇用関係が終了したことといった事由があるときでなければ、財産開示決定をすることができない[18]。

さらに、開示義務者の期日不出頭、宣誓拒絶、陳述拒否または虚偽陳述に対する制裁は、30万円以下の過料のみであり、刑事罰は科されていなかった（同法206条1項）。

この財産開示手続の規定は、それまで皆無であった債務者の財産調査手段を債権者に与えるもので、我が国の民事執行法制としては画期的な立法であった。しかし、単に債務者を呼び出して陳述させるというだけでは、その陳述義務を担保する制裁の弱さも相まって、ほとんど実効性が期待できないものであった。それに加えて3年要件や債務名義の制限、そして執行不奏功要件など、制限的な規定ぶりであり、画期的なはずの新制度の利用は極めて低調なものであった（次頁表参照）。

この間、債権執行は毎年10万件を超える新受・既済事件があったので、強制執行が実施される中で財産開示手続の果たしている役割が極めて小さいものであったことを示している。

こうした状況には、特に債権回収に携わる実務家からの批判が強く、財産開示の制度を強化する法改正が行われることとなった。

16　本節では、2004（平成16）年施行時の条文番号で記載する。
17　これらをあわせて執行不奏功要件という。
18　これを3年要件という。

表　2020年改正前の財産開示手続の新受件数

年	2004	2005	2006	2007	2008	2009	2010	2011
新受件数	718	1182	789	663	884	893	1207	1124

	2012	2013	2014	2015	2016	2017	2018	2019
	1085	979	919	791	732	686	578	577

出典：司法統計年報より筆者作成

Ⅲ　財産状況調査制度の概要

1　改正法の概要

　財産開示手続は、民事執行法及び国際的な子の奪取の民事上の側面に関する条約の実施に関する法律の一部を改正する法律（令和元年法律第2号）によって抜本的に改正され、民事執行法第4章が「債務者の財産状況の調査」となり、第1節に財産開示手続、第2節に第三者からの情報取得手続が規定された。

　財産開示手続の強化としては、債務名義の制限の撤廃（同法197条1項）と、開示義務不履行に対する制裁の刑事罰化（同法213条1項5号および6号）が行われた。しかし執行不奏功要件と3年要件は改正が見送られた。

　また第三者からの情報取得手続は、債務者の不動産に関する情報を登記所から取得する手続（同法205条）、債務者の給与債権に関する情報を市町村、日本年金機構または共済組合等から取得する手続（同法206条）、そして債務者の預貯金等に関する情報を金融機関や振替機関等から取得する手続（同法207条）が新設された。この内給与債権情報の取得は、申立て可能な債権者が「第百五十一条の二第一項各号に掲げる義務に係る請求権又は人の生命若しくは身体の侵害による損害賠償請求権」の執行力ある債務名義の正本を有する者に限られている。民事執行法151条の2に規定されている債権者は、扶養義務や婚費分担義務に基づくものであるが、本章のテーマとの関係では「人の生命もしくは身体の侵害による損害賠償請求権」を有する債権者が特に規定されている点が重要である。

　生命・身体の侵害による損害賠償請求権が対象とされたのは、犯罪被害者保護の観点からその履行確保が必要とされ、また債務者である加害者は個人であ

58　第1部　近年の被害者支援をめぐる動向

ることから給与債権が執行対象として重要であり、さらにあらかじめ加害者と接点がない犯罪被害者が債務者の財産状況を知ることができないために強制執行申立てが困難だからという理由による[19]。また、精神的な侵害の場合でも、被害者が PDSD を発症するなど精神的機能の障害が生じているときは、ここでいう身体の侵害に含まれると解されている[20]。

　情報取得手続のうち、不動産に関する情報と給与債権に関する情報は、財産開示手続が実施されてから３年以内であることを要件として、財産開示手続の前置を要求している[21]。したがって財産開示手続の要件、特に執行不奏功要件は、不動産および給与債権に関する情報取得手続の要件ともなる。

2　改正法の利用状況

　第三者からの情報取得を含む財産開示手続は、2020年４月１日から施行されたが、同年の申立て件数が3930件と約４倍に増大し、最新の統計である2023年には、財産開示手続の申立てが２万2022件、そして情報取得に関する申立てが8815件であった。改正前の低調な利用は一変したと評価することができる。

　もっとも、犯罪被害者による利用が進んでいるかは、少なくとも統計上は明らかでない。加えて、債務者の財産状況調査の手続を利用するには、少なくとも債務名義が必要であることと債務者に調査すべき財産があることとが前提となるが、犯罪被害者と加害者との間ではいずれも困難がある[22]と考えられる。

19　内野宗揮＝劔持淳子編『令和元年改正民事執行法制の法令解説・運用実務（増補版）』（金融財政事情研究会、2021年）29頁。

20　内野他編・前掲書（注19）29頁。

21　民事執行法205条２項および206条２項。これに対して預金債権に関する情報取得手続には開示手続前置主義が採られていない。これは、預金債権が隠匿処分し易いものであり、開示手続を先行させれば財産隠しを容易にすることを考慮したものとされる。内野他編・前掲書（注19）35頁。なお、先行する財産開示手続の申立人が情報取得手続の申立人と同一であることは要求されていない。

22　債務名義については、刑事裁判の中で損害賠償命令制度を利用することが考えられるが、その件数は2023（令和５）年で282件の申立てがあるにすぎず、あまり利用はされていない。

Ⅳ　今後の課題と展望

　犯罪被害者が、少なくともその財産的損害について加害者に対する民事上の損害賠償請求権を行使して回復することは、法的には最も正統な被害救済方法である。従って、民事手続法上も、債権の存在を確定する手続（債務名義取得過程）と確定された債権を強制的に実現する手続（執行過程）の両面にわたり、改善を積み重ねてきた。

　しかし、犯罪被害者の被害回復方法としては、依然として不十分である。改善を要するポイントとして、以下の点を挙げることができる。

　まず、犯罪被害者が債務名義を取得したとしても、優先権のない債権者に過ぎないことから、加害者に対する他の優先債権者に劣後し、結局被害回復ができなくなる可能性がある。このことは、詐欺または詐欺まがいの事業者に金員をだまし取られたような被害者の場合に深刻な問題となる。犯罪被害者の被害回復を目的とする債権が他の債権者に比して優遇される例としては、本稿で扱った給与債権に関する情報取得の申立資格がある点のほかに、加害者が破産して免責決定を受けた場合における非免責債権該当性が挙げられる（破産法253条1項2号および3号）。しかし、加害者の財産から被害回復を求めるという局面では、優先債権として扱われることが必要である。そこで、例えば一般の先取特権のリスト（民法306条）に悪意による不法行為債権や生命身体に対する故意の侵害行為による不法行為債権を加えるということが、立法論として考えられよう。[23]

　第二に、そもそも加害者が無資力の場合は、優先権を付与したところで絵に描いた餅であり、被害救済には結びつかない。[24]その無資力の危険を分散するためには、保険が必要となる。ただし、責任保険による場合は故意による不法行為が免責事由となってしまうので、考え方としては、潜在的な被害者による損害保険という方向で制度を考えることになる。被害者が損害保険で自らの損害

23　担保権を証する文書としては告訴状や被害届などが考えられる。

24　なお、無資力の克服策として太田・前掲書（注2）258頁以下参照。

を填補できれば、加害者に対する損害賠償請求権は保険者が保険代位によって行使することになる。そしてこの保険をすべての潜在的被害者の強制保険として構想するならば、保険料は税金から徴収することとなり、国の機関が保険者となる制度を構築することになる。これは、犯罪被害者給付金によってすべての犯罪被害者の実損害を補償する制度、あるいは国が被害者の損害賠償請求権を買取りまたは立替払いするような制度[25]に行き着くであろう。この場合の問題点としては既に保険料徴収事務のコスト、保険対象犯罪の限定困難と無限定とした場合の保険金増大、そして保険による犯罪者のモラルハザードの危険といった指摘がなされている[26]が、保険料は一般財源からの支出によることとし、対象犯罪はむしろ限定すべきでなく、モラルハザードの懸念は刑罰の免除を伴わない以上は生じず、また保険代位による徴収によって経済犯罪のモラルハザード問題も抑制できるものと考えられる。

25　太田・前掲書（注2）118頁以下参照。
26　太田・同前132頁。

第6章	犯罪被害者給付制度の今後

―― 国による立替払制度を求める日弁連意見書を中心に

高橋みどり

I 求められる新たな補償制度

犯罪被害者等は被害直後から様々な困難に直面するが、中でも、身体的被害のほか多大な精神的被害により収入が減少ないし途絶するといった経済的被害は、深刻な問題である。

国は、犯罪被害者等の経済的被害回復のため1980（昭和55）年に創設した犯罪被害者給付制度（以下「本制度」という。）を、改正を加えながら運用してきた。しかし、本制度は社会連帯共助の精神を趣旨とすることから、十分な被害回復がなされていない実情がある。

本章では、本制度創設からの経緯を概観し、現状の課題を踏まえて発出された日本弁護士連合会の2023（令和5）年3月16日付意見書を紹介し、国が犯罪被害者等に立替払をする新たな制度の創設を提案したい。

II 犯罪被害者給付制度の創設とその後の改正等の動き

1 本制度の創設

（1）制度創設の背景

本制度が創設される契機となったのは、1974（昭和49）年8月30日に発生した三菱重工ビル爆破事件等である。通り魔殺人、爆弾事件等の犯罪被害者の遺族等による、犯罪被害者に対する補償制度の確立を求める声の高まりを受け、1980（昭和55）年5月1日に犯罪被害者等給付金支給法（昭和55年法律第36号、以下「犯給法」という。）が公布され、同年11月4日に公布された同法施行令、

同年12月19日に公布された同法施行規則とともに、故意の犯罪行為によって死亡し、または重障害を受けた場合に、その被害者本人または遺族に対して国が給付金を支給する本制度が創設された。

（2）制度趣旨の考え方

本制度創設の５年後である1985（昭和60）年に公表された大谷實氏の論稿に[1][2]よると、当時、この種の制度は、イギリスを始めとして先進諸国家の多くが採用していたものであるが、国が犯人に代わって犯罪被害を補償するという考え方（損害賠償型）、あるいは犯罪被害によって生活が困窮した場合に救済するという考え方（生活保護型）など、国によって制度の趣旨はまちまちであるところ、大谷氏は、犯罪被害者救済制度の元来の趣旨は、犯罪被害者が補償制度の谷間に取り残されているという公的救済制度における不均衡、及び犯人側の人権保障に比べ、被害者側の権利保護が全く配慮されていないという刑事司法制度における不均衡を是正し、国民の法秩序に対する信頼感を確保することにあることから生活保護型では不十分との考えを示している。

2　本制度に関連する主な法令制定、法令改正等[3]

（1）2001（平成13）年法改正（平成13年法律第30号）[4]

1995（平成７）年に発生した地下鉄サリン事件などの無差別殺傷事件を契機に、犯罪被害者に対する支援の拡充を求める社会的な気運が急速に高まり、支給対象の拡大や給付基礎額の引上げを中心とした犯給法の第一次改正がなされ、「犯罪被害者等給付金の支給等に関する法律」と題名改正をして2001（平成13）年４月13日に公布、同年７月１日に施行された。

（2）犯罪被害者等基本法の制定（平成16年法律第161号）

2004（平成16）年12月に成立した犯罪被害者等基本法には、被害者の権利利

1　当時、同志社大学教授。

2　大谷實「犯罪被害者給付制度」法セ№372（1985年）82頁。

3　警察庁パンフレット「犯罪被害給付制度のご案内」https://www.npa.go.jp/higaisya/kyuhu/pdf/hankyuu.pdf（最終閲覧：2024年12月29日）

4　国立国会図書館　犯罪被害者等給付金支給法の一部を改正する法律　平成13年４月13日法律第30号　https://hourei.ndl.go.jp/simple/detail?lawId＝0000090060&current＝-1（最終閲覧：2024年12月29日）

益が謳われ、その3条及び4条において、国は犯罪被害者等のための施策を策定、実施する責務を有すると定められている。さらに同法8条で、政府は犯罪被害者等基本計画を定めなければならないとされ、同規定により5か年ごとに基本計画が策定され、これに基づき法令の改正が重ねられている。

（3）2006（平成18）年犯給法施行令及び施行規則の改正

重傷病給付金について、支給要件の緩和、支給対象期間の延長などを行う政令改正とともに、親族間での犯罪について支給制限の緩和を行う規則改正がなされた。この改正は、2005（平成17）年12月に閣議決定された犯罪被害者等基本計画に「犯罪被害給付制度における重傷病給付金の支給範囲等の拡大」が盛り込まれたことを踏まえて行われたものである。

（4）2008（平成20）年法改正（平成20年法律第15号）[5]

目的の改正、休業損害を考慮した重傷病給付金の額の加算、やむを得ない理由のため期間内に申請できなかった場合の特例などの規定を整備する犯給法の第二次改正が行われ、「犯罪被害者等給付金の支給等による犯罪被害者等の支援に関する法律」と題名改正をして、2008（平成20）年4月18日に公布、同年7月1日に施行された。

これと併せて、重度後遺障害者に対する障害給付金の額の引上げ、生計維持関係のある遺族に対する遺族給付金の額の引上げなどを図る同法施行令の改正がなされた。

（5）以後の改正

その後、幼い遺児がいる場合の遺族給付金の増額や重傷病給付金の給付期間の延長、仮給付の柔軟化などを内容とする政令改正、親族間での犯罪に係る減額・不支給事由の抜本的見直し、犯罪被害者が暴力組織に属していた場合には原則として不支給とするとともに、配偶者からの暴力事案等の場合における支給制限を緩和、障害等級のうち外貌醜状の等級を見直し、親族間での犯罪に係る減額・不支給事由の見直しを内容とする規則改正が順次行われた。

2024（令和6）年6月15日には遺族給付金の支給最低額の一律引上げ等の規

5　国立国会図書館　犯罪被害者等給付金の支給等に関する法律の一部を改正する法律　平成20年4月18日法律第15号　https://hourei.ndl.go.jp/simple/detail?lawId＝0000113548&current＝-1（最終閲覧：2024年12月29日）

則改正が実施された。

Ⅲ 本制度の概要

1 現行制度の概要

（1）根拠法令と制度趣旨

　本制度は、犯給法、同法施行令及び同法施行規則に基づき運用されている。

　警察庁は、本制度について、「殺人などの故意の犯罪行為により不慮の死を遂げた犯罪被害者の遺族又は重傷病若しくは障害という重大な被害を受けた犯罪被害者の方に対して、社会の連帯共助の精神に基づき、国が犯罪被害者等給付金を支給し、犯罪被害等を早期に軽減するとともに再び平穏な生活を営むことができるよう支援するものです。」と説明している（警察庁・前掲パンフレット（注3））。

（2）給付金の内容

　給付金の種類は、遺族給付金、重傷病給付金及び障害給付金の3種類がある。

　支給額は、犯罪被害者の年齢や勤労による収入の額等に基づいて算定される。ただし、犯罪被害者にも原因がある場合や親族間での犯罪などの場合には、給付金の全部又は一部が支給されないことがある（犯給法6条）。また、労災保険などの公的補償を受けた場合や損害賠償を受けたときは給付額の調整を受ける（犯給法7条・8条）。2008（平成20）年7月の法令改正により遺族給付金の最高支給額は2964万5000円、最低支給額は320万円、障害給付金の最高支給額は3974万4000円、最低支給額は18万円であり、重傷病給付金の上限は120万円であった。他方、直近の支給裁定額の平均が遺族給付金743万8000円、重傷病給付金27万円、障害給付金419万円と、本来受けるべき損害賠償額を大きく下回っており、2024（令和6）年6月15日施行の法令改正によって遺族給付金の最低支給額が引き上げられるなどしたが、未だ十分な補償体制が構築された

6　検討会第1回【資料2】犯罪被害給付制度の概要　https://www.npa.go.jp/hanzaihigai/meeting/kyufu_kyouka/kaisai/1st/shiryou02.pdf（最終閲覧：2024年12月29日）

とはいえない。

（3）手続の流れ

給付金の申請・請求がなされたら、都道府県公安委員会が支給の法定要件を確認し、犯罪被害に関する事実関係などを明らかにして給付金を支給するか否かを決める裁定を行う（犯給法11条）。裁定内容に不服がある場合は、国家公安委員会に審査請求することができる。

2　現行制度における課題

（1）本制度の性質

2024（令和6）年4月に公表された「犯罪被害給付制度の抜本的強化に関する有識者検討会　取りまとめ[7]」（以下「検討会取りまとめ」という。）においても、いわゆる社会連帯共助の精神によるものと明記されている（検討会取りまとめ4頁）。

（2）本制度の課題

本制度の給付金は、債務名義で認定される損害額に比べ著しく低額であり、経済的な生活再建には及ばない事例が少なくない。特に死亡被害者の遺族、高度障害により収入が途絶ないし著しく減少した犯罪被害者等は、生きていくこともままならず苦境に陥ってしまう。

損害賠償制度で救済されないことが多い実情から、本制度は不法行為制度の補完と位置付けられる[8]。にもかかわらず、その支給額が、犯罪被害者等が努力して得た債務名義より著しく低額となるのは、本制度の趣旨が社会連帯共助の精神にあることに大きな要因があると考えられる。

犯罪被害者等基本法に謳われている「被害者の権利」を基本理念とした補償法の制定によって犯罪被害者等への経済的支援を充実させるべきとするのが、

7　国は「犯罪被害者等施策の一層の推進について」（令和5年6月6日犯罪被害者等施策推進会議決定）に基づく取り組みとして有識者検討会を開催し、令和6年4月、取りまとめを公表した。https://www.npa.go.jp/hanzaihigai/meeting/kyufu_kyouka/kaisai/s_zenbun.pdf（最終閲覧：2024年12月29日）

8　平成18年5月17日開催、経済的支援に関する検討会（第2回）資料2、警察庁資料2頁 https://www.npa.go.jp/hanzaihigai/suisin/kentokai/kentokai1/data1/shiryo2.pdf（最終閲覧：2024年12月29日）

日本弁護士連合会の2023（令和5）年3月16日付意見書[9]（以下「補償法意見書2023」という。）である。この補償法意見書2023には、本制度の給付金が支給されても平穏な生活を取り戻せなかった実例が紹介されている。

例えば、暴行事件により高次脳機能障害を発症し、左半身不随となった犯罪被害者は、加害者に対して1億6000万円を超える債務名義を取得したが、加害者からの支払はなく、約420万円の犯罪被害者等給付金（犯給金）が支給されたのみで生活保護を受給せざるを得なくなった。別の事例では、暴行事件で高次脳機能障害の後遺症が残った犯罪被害者が、加害者に対する民事訴訟上の和解において、長期分割払で約2000万円の債務名義を取得したが、約145万円の犯給金が支給されたに過ぎなかった。

検討会取りまとめの提言は、社会連帯共助の精神に基づく現行制度の性格を前提に、以下の3点を早期に実現すべきとした。

　Ⅰ．遺族給付金の支給最低額の一律引上げ

　Ⅱ．遺族自身に生じる影響を踏まえた遺族給付金の支給額の増額

　Ⅲ．休業加算額及び障害給付金の支給最低額の一律引上げ

これら支給額の引上げ等を実現する改正法令が2024（令和6）年6月15日に実施された。経済的支援が従前より拡充されたとはいえ、司法判断により得られる債務名義と犯給金支給額とのかい離は未だ大きく、犯罪被害者等の経済的被害回復には不十分と言わざるを得ない。

（3）加害者への損害賠償請求権の実効性確保の必要性

一方、加害者への民事上の責任追及の現状は、犯罪被害者等が平穏な生活を取り戻すにはほど遠い。犯罪により生じた被害について第一義的責任が加害者にあることは、犯罪被害者等基本法前文にも明記されている。このため犯罪被害者等は、加害者に対して、自ら費用と労力をかけて損害賠償請求を行うことになる。任意での支払を受けられなければ損害賠償命令や民事判決などの債務名義を取得する。それでも債務名義に従った支払を受けられなければ、強制執行手続を取ることになる。このような法的手続のため、法律の専門家である弁

9　日本弁護士連合会：犯罪被害者等補償法制定を求める意見書　https://www.nichibenren.or.jp/document/opinion/year/2023/230316_6.html（最終閲覧：2024年12月29日）

護士に委任する費用、訴訟提起時には裁判所に納付する印紙代といった経済的負担を余儀なくされる。債務名義を取得しても支払を受けられないまま10年が経過すれば債務名義の請求権が時効消滅するおそれがあるので、これを阻止するためには再提訴が必要となり、さらなる弁護士費用や印紙代の負担が生じる。これらの経費について、一定要件下で利用可能な弁護士費用立替払制度[10]、一部の地方自治体が条例等で経済的援助制度を設けている場合を除き、原則として公的な援助はなされない。

しかし、現実には、重大犯罪であるほど加害者の資力が乏しく、また、重い刑罰が科されて収入も途絶えることになるので、たとえ犯罪被害者等が強制執行手続まで行っても加害者からの回収が困難であるのが実情であり[11]、損害賠償責任が果たされる事案は非常に少ない。犯罪被害者等は理不尽さを感じ、被害感情はより強くなる。

加害者からの支払が期待できない場合、犯罪被害者等が加害者に対して損害賠償請求手続を行うことは、費用負担により経済的被害を拡大させることになり、そのため加害者に対する損害賠償請求を諦めてしまう犯罪被害者等も少なくない。これでは、多くの犯罪被害者等の権利実現にとって民事司法制度は実質的に意味を持たないものになり、損害賠償請求に関し刑事手続の成果を利用することにより、犯罪被害者等の労力を軽減し簡易迅速な手続として利用するために創設された損害賠償命令制度[12]も、実用性の乏しいものとなってしまう。2005（平成17）年以降、第4次まで策定されている犯罪被害者等基本計画において、損害回復・経済的支援等への取組は常に重点課題とされており、損害賠償請求権の実効性を確保する施策が求められる。

10　民事法律扶助制度は費用の立替制度なので、原則、法テラスへ償還しなければならない。民事法律扶助業務　https://www.houterasu.or.jp/site/bengoshitou-fujo/（最終閲覧：2024年12月29日）

11　日弁連「損害賠償請求に係る債務名義の実効性に関するアンケート調査」集計結果参照 https://www.nichibenren.or.jp/library/ja/committee/list/data/songaibaishouseikyuu_saimumeigi_questionnaire.pdf（最終閲覧：2024年12月29日）

12　裁判所職員総合研究所監修「損害賠償命令手続における書記官事務の研究」（司法協会、2014年）4頁。

Ⅳ　今後の課題と展望

1　日本弁護士連合会の意見書の要点

（1）補償法制定を求める意見書

　日本弁護士連合会は、これまで、現行制度の課題を克服して犯罪被害者等の権利を実現するためには現行制度の改正では不十分であり、新たな補償法の制定が必要であると訴えてきた。国の犯罪被害者等基本計画策定にあたっての意見書や日弁連人権擁護大会での決議等に加え、新たな補償法制定を求める意見書を2度にわたり公表した。

（2）2006（平成18）年の意見書

　まず、2006（平成18）年11月22日「犯罪被害者等に対する経済的支援拡充に関する意見書[13]」では、犯罪被害者等給付金の支給等に関する法律を改め、犯罪被害者等補償法を制定すべきであるとの意見を述べた。この意見は、犯罪被害者等基本法に定める被害者の権利及び国の義務を根拠として、国が直接被害者に対し経済的補償をなす義務を負っていると解し、見舞金的性格をもつ本制度の給付金では十分な補償がなされないとして、新たな補償法を求めたものである。

　その後、本制度の拡充が行われたものの、国による新たな補償法制定の動きはない。

（3）補償法意見書2023

　そこで、前記のとおり、日本弁護士連合会は、補償法意見書2023を公表した。この意見書は、国に対し、犯罪被害者等に対する経済的支援を拡充するため、①加害者に対する損害賠償請求により債務名義を取得した犯罪被害者等への国による損害賠償金の立替払制度、②加害者に対する債務名義を取得することができない犯罪被害者等への補償制度、の2つを柱とした新たな犯罪被害者等補償法を制定すべきであると述べた。そして、本制度による経済的支援の意義を肯定しつつ、同制度によっても未だ不十分である現状を踏まえ、国によ

13　https://www.nichibenren.or.jp/library/ja/opinion/report/data/061122.pdf（最終閲覧：2024年12月29日）

る経済的支援のあり方を法制度の側面から検討し、提言するものである。

　両意見書において、被害者の権利と国の責務に基づく新たな補償法を制定するべきとする点では共通するところ、補償法意見書2023の大きな柱となるのは、犯罪被害者等に対して第一次的責任を有する加害者に代わり、国が犯罪被害者等に立替払をする制度の創設を求める点である。

（ア）債務名義の実効化

　この立替払制度は、犯罪被害者等が加害者に対する損害賠償請求権につき債務名義を取得しても、加害者から任意の支払を受けられなければ、国が、犯罪被害者等に立替払いし加害者に対して求償することによって、犯罪被害者等が時間と労力、及び費用をかけて取得した債務名義を実効化させるとともに、加害者のいわゆる逃げ得を許さないものである。

（イ）犯罪被害者等の負担軽減

　立替払制度を採用することによって、犯罪被害者等自身による加害者への督促や債権回収行為の負担を軽減し、債権回収が不奏功となるリスクを回避できる上、本制度では限界がある国の給付金額の引上げに正当な根拠を得ることになる。このように、立替払制度は、加害者に対する損害賠償請求権の確定までを犯罪被害者等が行い、国がこの請求権を実効化するための支援を行うという意義がある。

　つまり、犯罪被害者等は、自らの努力によって、司法手続を経て犯罪被害による民事上の損害について債務名義さえ取得すれば、さらに時間と費用をかけて回収見込みの低い強制執行手続を行う必要はなく、また時効更新のための再提訴の手続も不要となる。加害者が支払の意思を有していても、資力収入が乏しく、やむなく長期分割払の合意を選択する場合もあるが、国による立替払がなされれば、犯罪被害者等が、長期にわたり分割払の管理のため加害者と関わり続ける必要がなくなる。

（ウ）仮払制度の必要性

　このように、国による立替払には債務名義を取得することが前提となるが、長ければ犯罪発生から数年の歳月を要することもある。犯罪被害直後の生活を支える経済的支援として、一時金の仮払制度の充実は必須である。

（エ）債務名義を得られない場合の補償

立替払制度により、国から支払を受ける額は、加害者によって賠償されるべき金額に近づく。そうであれば、債務名義を取得することができない場合、たとえば加害者死亡、加害者不明、加害者の責任無能力といった場合の犯罪被害者等についても、給付金額が引上げられるべきことになる。いずれの場合も犯罪被害者等が受ける被害の実態、経済的支援の必要性は変わらないといえるからである。

（オ）国による加害者への求償

また、国が立替払をすれば、第一次的責任を負う加害者に求償して民事上の責任をも果たさせる制度設計を確立することが必要である。

国が、立替払をした後、犯罪被害者等を代位して加害者へ求償し、任意での支払方法の協議、分割払の債権管理や時効管理、債権回収のための法的手続などの手段を適正かつ迅速に実行できることが肝要である。そのためには、新たな補償法に基づく制度を運用する機関は、これら民事上の手続について専門性を有していることが望ましい。

資力収入に乏しい加害者からの回収が困難であることは前述のとおりであるが、既存の他制度において、国の求償権行使により一定の債権回収がなされていることは検討会でも報告されており[14]、一個人である犯罪被害者等に比較すれば、国による債権回収の実効性は高いといえる。

（カ）補償を受ける権利

このような補償法制度の法的根拠をどこに求めるべきであろうか。

まず、犯罪被害者等基本法は、3条1項において、個人の尊厳にふさわしい処遇を保障される権利を謳っており、同法4条において国の責務を、同法13条において、国等は、犯罪被害者等が受けた被害による経済的負担の軽減を図るため、犯罪被害者等に対する給付金の支給に係る制度の充実等必要な施策を講じるものとすると定めており、新たな補償法には、これら規定を具体化した、

14　検討会第3回議事録　https://www.npa.go.jp/hanzaihigai/meeting/kyufu_kyouka/kaisai/3rd/gaiyou.pdf（最終閲覧：2024年12月29日）、第4回議事録　https://www.npa.go.jp/hanzaihigai/meeting/kyufu_kyouka/kaisai/4th/gaiyou.pdf に国土交通省からの説明がある。（最終閲覧：2024年12月29日）

いわゆる補償を受ける権利を定めることになろう。

補償を受ける権利の根拠となる、犯罪被害者等基本法上の被害者の権利の淵源は、個人の尊厳と人格価値の尊重を宣言した憲法13条、その尊厳にふさわしい生活を営む権利を保障する憲法25条、さらには国連の「犯罪およびパワー濫用の被害者のための司法の基本原則宣言」（1985年採択）に、犯罪被害者等は速やかな被害回復を受ける権利があると謳われていることにあり、国内最高法及び国際法に由来するということができる。[15]

（キ）国の責務

ところで、補償法意見書2023は、国に犯罪被害者等に対する直接の損害賠償責任があるとするものではない。立替払を国の経済的支援を行う義務であるとする根拠として、上記被害者の権利実現の観点のほか、国の責務を次のように解している。

一つは、国には犯罪から国民を守るべき治安責任があると考えられるところ、ひとたび犯罪が発生して国民が被害を受けた場合には、生活を再建していくための経済的被害回復を支える責務がある。また、国が加害者に対する刑事責任を追及し刑務所へ収容することで、加害者が民事上の責任を果たさせる機会を奪ってしまう側面があることも根拠になると考えることができる。

2 新たな補償制度実現に向けて

検討会では、犯罪被害者等の損害回復・経済的支援等の取組の一つとして、国による立替払制度についても議論が重ねられ、「検討会取りまとめ」では、残された課題として、その議論状況が整理されている。立替払制度の必要性や国の責務の根拠を述べる意見に対し、犯罪被害者等基本法上の理念としての国の責務では説明がつかない、なぜ国が民事上の賠償額を支払うことになるのか

15　日本弁護士連合会2017年10月6日「犯罪被害者の誰もが等しく充実した支援を受けられる社会の実現を目指す決議」3-4頁参照　https://www.nichibenren.or.jp/library/ja/civil_liberties/data/2017_1006_01.pdf（最終閲覧：2024年12月29日）、同連合会「補償法意見書2023」7頁参照、同連合会2024年5月17日「『犯罪被害者等給付金の支給等による犯罪被害者等の支援に関する法律施行令の一部を改正する政令案』に対する意見書」参照 https://www.nichibenren.or.jp/library/pdf/document/opinion/2024/240517_2.pdf（最終閲覧：2024年12月29日）。

説明が必要であるといった意見が出された。

　新たな補償制度については、既に国による立替払制度を持つ北欧の例も参考にして更に議論を深め、国民の理解を得ることが必要とされる。

| 第7章 | 犯罪被害者等支援条例の現状とこれから |

北條　正崇

Ⅰ　本章のポイント

　犯罪被害者等の権利利益が保護され、被害の軽減及び回復がなされるために
は、国だけでなく犯罪被害者等に身近な行政組織である地方公共団体（都道府
県・市区町村）による支援が必要不可欠である。近時、全国的に、犯罪被害者
等支援に特化した条例（以下「特化条例」という。）を制定し、犯罪被害者等支援
施策（以下「被害者施策」という。）に取り組む地方公共団体が増加している。本
章では条例の意義、制定状況、内容、支援金制度、効果、課題と展望について
論じる。

Ⅱ　犯罪被害者等支援条例とは

　犯罪被害者等支援条例とは、犯罪被害者等の権利利益の保護を図ること等を
目的として専ら犯罪被害者等支援に関する事項を定めた条例をいう。

　1990年代になって犯罪被害者等支援の気運が高まり、被害の深刻な実情が社
会に認識されるにつれ、犯罪被害者等には刑事手続における支援だけでなく精
神面・経済面の支援や日常生活全般にわたる支援等が必要であることが認識さ

1　大半の地方公共団体では「犯罪被害者等支援条例」の名称が用いられているが、兵庫県
　「犯罪被害者等の権利利益の保護等を図るための施策の推進に関する条例」、横須賀市「犯罪
　被害者等基本条例」、明石市「犯罪被害者等の権利及び支援に関する条例」のように、犯罪
　被害者等が支援等を求める権利の主体であることをより明確に示す名称を用いるところもあ
　る。

れるようになってきた。そのような中、条例を制定して被害者施策に取り組む
地方公共団体があらわれてきた。

Ⅲ　条例の意義

　住民の福祉の増進を図ることを基本的な役割とする地方公共団体にとって、
犯罪被害によって苦しんでいる住民の被害を軽減し、住民が安心して生活する
ことができるように必要な支援を行うことは当然の責務である。犯罪被害者等
基本法（平成16年法律第161号、以下「基本法」という。）は、犯罪被害者等には個
人の尊厳にふさわしい処遇を保障される権利があり（3条1項）、地方公共団体
は地域の状況に応じた施策を策定し、実施する責務を有することを定めている
（5条）。

　私たちは誰もがいつどこで犯罪被害にあうかわからない。犯罪被害者等支援
は全ての住民に関わる問題である。多くの地方公共団体が力を入れている災害
対策や防犯に関する施策と同じく、被害者施策は私たち住民が犯罪被害にあっ
たとしても必要な支援を受けることができるセーフティネットである。

　そして、地方公共団体が犯罪被害者等に必要な支援を途切れなく行うために
は、被害者施策が総合的、計画的、継続的に実施されることが必要である。そ
のため、地方公共団体が施策の法的根拠となる条例を制定し、また、条例を具
体化した計画や指針を策定し、十分な人的体制と財政的措置のもと、総合的対
応窓口を担う被害者部局が司令塔となって関係部署との連携（庁内連携）を図
り、必要な支援制度を設けるとともに、関係機関との連携（庁外連携）を強化
し、充実した支援体制を構築することが求められる。

　また、犯罪被害者等を地域で支え、二次被害を発生させないために、住民・
民間団体・事業者（職場）の理解と協力が必要であり、それらの責務は住民全
体の代表機関である議会で制定される条例によって定めることが適切である。

　さらに、地方公共団体が条例を制定して被害者施策に取り組むことは、たと
え住民が犯罪被害にあったとしても決して見捨てないという力強いメッセージ
にもなる。

Ⅳ　条例の制定状況

　市区町村では1999（平成11）年に嵐山町（埼玉県）が、都道府県では2003（平成15）年に宮城県が条例を制定したのが最初であるが、これに続く地方公共団体は少なかった。

　2004（平成16）年制定の基本法で初めて犯罪被害者等支援に関する地方公共団体の責務が法律に明記され（5条）、2005（平成17）年策定の犯罪被害者等基本計画（以下「基本計画」という。）では、地方公共団体に対して総合的対応窓口の設置等について要請がなされ、全ての地方公共団体に窓口が設置された。2016（平成28）年策定の第3次基本計画では、警察庁において「犯罪被害者等に関する条例の制定又は計画・指針の策定状況について適切に情報提供を行う。」ものとされ、2021（令和3）年策定の第4次基本計画では、「地方公共団体における条例の制定等に向けた検討、条例の施行状況の検証及び評価等に資する協力を行う。」ものとされ、国による条例制定のための働きかけが行われてきた。

　他方、犯罪被害にあった当事者、被害者関連団体、弁護士会、被害者支援センター等の民間団体でも全国各地で条例制定の必要性を訴える取組み（シンポジウムの開催、首長等への要請、議会への請願など）が行われてきた。

　これらの関係機関等の努力により、2017（平成29）年頃以降、条例を制定する地方公共団体が急増している。2017（平成29）年4月1日時点と2024（令和6）年4月1日時点の各制定状況を比較したものが表1である。

表1　地方公共団体における条例制定状況

		2017（H29）.4.1時点	2024（R6）.4.1時点
1	都道府県（全47）	9（19%） 宮城県、秋田県、山形県、神奈川県、静岡県、富山県、奈良県、岡	46（98%）[2]

2　鳥取県は「犯罪のないまちづくり推進条例」の「第5章　犯罪被害者等の支援」（24〜27条）において国等との連携・理解の増進・犯罪被害者等支援団体に関する事項を定めているが、犯罪のないまちづくりに寄与することを目的とし、責務や推進体制等については定めているものの、相談や日常生活支援等の基本的施策については定められていないため、専ら犯罪被害者等の支援に関する事項を定めた条例としては未制定とした。

76　第1部　近年の被害者支援をめぐる動向

		山県、佐賀県	
2	政令指定都市 （全20）	4（20%） 堺市、京都市、神戸市、岡山市	15（75%） さいたま市、千葉市、横浜市、川崎市、相模原市、新潟市、浜松市、名古屋市、大阪市、堺市、京都市、神戸市、岡山市、広島市、熊本市
3	その他の市区町村 （全1721）[3]	179（10%）	847（49%）
4	全市区町村（政令指定都市を含む）に条例がある都道府県（全47）	3（6%） 秋田県、京都府、岡山県	10（21%） 秋田県、栃木県、岐阜県、京都府、兵庫県、奈良県、岡山県、佐賀県、長崎県、大分県

出典：筆者作成

Ⅴ 条例の内容

　条例の内容はおおむね①目的、定義、基本理念、責務等の総則、②基本的施策、③推進体制等の３部で構成される。また、被害者施策の重要性に鑑み、基本法と同様に前文を掲げる地方公共団体もある。[4]

　基本法には二次被害の防止を直接定めた規定はないが、インターネットを通じて行われる誹謗中傷等の二次被害が深刻な状況にあることから、条例では二次被害の定義を示し、基本理念や責務の中で二次被害の防止を規定することがスタンダードとなってきている。[5] また、基本理念の中に再被害の防止や兄弟姉妹等の家族に焦点をあてた支援について規定したり、[6] 学校の責務を規定するところもある。[7]

　基本的施策及び推進体制等については、基本法では地方公共団体が策定・実

3　警察庁の発表による。
4　宮城県、福島県、群馬県、富山県、兵庫県、宮崎県、横須賀市など。
5　都道府県では2017（平成29）年に大分県が初めて二次的被害の定義等を規定した条例を制定した。
6　明石市など。
7　京都府、山口市、長門市、和木町など。

施すべき責務として13施策を定めており（11条～23条）、各地の条例ではこの13施策を基本としつつ、そのうえで多種多様な被害者施策が実施されている（表2で各地の条例に基づく被害者施策の一部を紹介する。）。

推進体制等については、計画や指針の策定、協議会等の設置、財政上の措置、住民や事業者の理解の増進、市区町村との連携、人材の育成、民間支援団体に対する支援、個人情報の適切な管理、施策の実施状況の公表などが規定されている。

地方自治法上、基礎的自治体である市区町村は住民に身近な日常生活に直結する事務を処理し、市区町村を包括する広域の自治体である都道府県は広域にわたるもの、市区町村に関する連絡調整に関するもの、その規模または性質において一般の市区町村で処理することが適当でないものを処理するとされている（地方自治法2条3項・5項）。そのため、市区町村の条例では日常生活支援等のより具体的な施策が規定され[8]、他方、都道府県の条例では市区町村に対する情報提供や助言等の支援、総合的支援体制の整備、協議会等の設置、施策の実施状況の公表などが規定されていることが特徴としてあげられる。

表2　各地の条例に基づく被害者施策

条例での項目	具体的な支援施策と施策を実施する地方公共団体の例
相談及び情報の提供等 （基本法11条関係）	○心理職等の資格を有する専門職員の配置（横浜市など） ○法律相談・心理相談の実施（岐阜県、川崎市、秦野市など） ○法律相談費用の助成（南三陸町、小諸市など）
損害賠償請求についての援助等 （法12条関係）	○民事訴訟の期日への出席・傍聴等のための旅費の補助（四街道市、明石市など） ○時効更新のための再提訴費用の補助（岐阜県、高知県、明石市など）及び弁護士費用の助成（三重県、大阪府など）
二次被害の防止、二次被害を受けた者への支援	○報道対応等を弁護士に依頼する費用の補助（岐阜県、広島県、長野市、佐久市など）
真相究明についての支援	○真相究明費用の補助（桑名市、明石市など）
執行手続についての支援	○財産開示手続や情報取得手続の費用の補助（明石市）
給付金の支給（法13条関係）	○遺族・重傷病支援金（見舞金）（多くの市区町村が実施）

8　市町村では、犯罪被害者等が犯罪等を誘発した場合など支援を行うことが社会通念上適切でないと認められる場合には、犯罪被害者等の支援を行わないことができる規定を置くところが多い（福島市、千葉市、熊取町など）。

	○犯罪被害遺児に対する支援金（岐阜県、徳島県、桑名市、岩国市など） ○加害者に責任追及できない場合等の特例給付金（明石市）
生活資金の貸付け等	山形県、和歌山県、新潟市、大和郡山市など
損害賠償立替金の支給	○立替支援金（明石市、上限300万円）、見舞金（名古屋市、上限150万円）
保健医療サービス及び福祉サービスの提供（法14条関係）	○医療費の補助、カウンセリング費用の補助（大鰐町、小松島市、飯山市など）
日常生活の支援	○ホームヘルパー派遣・介護支援者派遣・一時保育・配食サービス（多くの市区町村が実施） ○通院等の付添い・外出時の見守り（柳井市など）
教育の支援	○教育関係費用や送迎費用の補助等（川崎市、神戸市など） ○奨学金返還支援（神戸市）
安全の確保（法15条関係）	○一時保護、施設入所、防犯指導、証人の保護、個人情報の適切な管理等、防犯対策費用の助成（神戸市など）
居住の安定（法16条関係）	○一時避難のための宿泊費用・転居費用・家賃等の補助、公営住宅への優先入居（多くの市区町村が実施） ○住宅復旧費用等の補助（神戸市など）
雇用の安定（法17条関係）	○資格取得費用の補助（神戸市など） ○事業者への裁判等休暇制度の働きかけ（岐阜市など）
刑事手続への参加の機会を拡充するための情報提供等（法18関係）	○刑事訴訟期日への出席・傍聴等のための旅費の補助（京都府、松戸市、明石市など） ○被害者参加制度における弁護士費用の補助（東京都、中野区、周南市など）
保護、捜査、公判等の過程における配慮等（法19条関係）	○専門的知識・技能を有する職員等の配置等
学校における教育	静岡県、三重県、京都市、いなべ市、下松市など
大学等の教育機関との連携	京都市、京田辺市、周南市など
総合的支援体制の整備・支援調整会議の設置	群馬県、東京都、大阪府など
緊急支援の実施、大規模な事案における支援	東京都、静岡県、京都府、島根県など都道府県に多い
被害発生の初期段階における支援	○被害発生初期段階におけるアウトリーチ支援（大阪市）
未成年者への配慮	熊本県、熊本市など
被害が潜在化しやすい犯罪被害者等に対する支援	宮城県、広島県など
県外（国外を含む）で被害にあった県民の支援	福島県、群馬県、山梨県など

当該地域に住所を有しない者への支援	東京都、京都府、横浜市、長井市など
観光旅行者等への支援	○電話相談・外国人への通訳派遣（京都市など）
支援従事者に対する支援	福島県、群馬県、三重県など

出典：筆者作成

Ⅵ 支援金制度

　犯罪被害者等への経済的支援として支援金[9]を支給する地方公共団体が増えている[10]。犯罪被害者等は被害直後から治療費、交通費、一時避難や転居の費用、葬儀費用、休職による収入減など様々な経済的負担に苦しめられるのであり、早期の支援金支給は犯罪被害者等にとって非常に有用である。支援金制度は住民生活に密着する地方公共団体が犯罪被害に苦しむ住民の精神的苦痛や経済的負担の軽減を図るものとして重要な制度であり、国の犯罪被害給付制度と比べてより迅速に支給されるという点が特徴である。

　支援金の種類としては遺族支援金と重傷病（傷害）支援金の2種類を設けるところが多い[11]。支給額は市区町村では遺族支援金が30万円、重傷病支援金が10万円のところが大半である[12]。また、福島県、新潟県、大分県では支援金制度は設けていないものの、支援金の支給を行う県下市町村への補助事業を実施している。福島県下の市町村では県からの補助を受けて比較的多額の支給を行って

9　「見舞金」の名称を用いる地方公共団体も多いが、経済的支援を受けることは犯罪被害者等の権利利益であることから、その趣旨を明確にするために、最近は「支援金」の名称を用いるところも多い。ここでも「支援金」という名称を用いた。

10　全ての市町村に支援金制度が設けられているのは、2024（令和6）年4月1日時点では秋田県、栃木県、石川県、岐阜県、静岡県、滋賀県、京都府、兵庫県、奈良県、愛媛県、佐賀県、長崎県、大分県の13府県である。

11　性犯罪被害者を対象とした支援金（千葉市、名古屋市など）や精神療養支援金（愛知県、軽井沢町など）などの一時金を支給したり、支援金に生活再建資金を上乗せするところもある（榛東村、吉岡町など）。

12　都道府県では市区町村の支給額より多額であるところが比較的多い。遺族支援金では栃木県、福井県、長野県、愛知県、三重県、岡山県、愛媛県、熊本県が60万円、香川県が50万円を支給している。

80　第1部　近年の被害者支援をめぐる動向

いる（遺族60万円、重傷病30万円）。さらに、愛媛県では県と市町が一体となり支援金等を支給しており、全市町で支援金制度が設けられている。

　都道府県による支援金の支給に関しては市区町村との重複（二重行政）になるとして消極的な意見もあるが、犯罪被害に苦しんでいる住民の精神的苦痛や経済的負担を軽減するという支援金制度の趣旨や市区町村による支給だけでは犯罪被害者等が負う様々な経済的負担に対する支援として十分でないことからすれば、都道府県も上乗せして支給することが望ましい。

　支援金制度の課題については様々あるが、ここでは制度利用の促進と支給要件の見直しをあげる。支援金制度は犯罪被害者等にとって非常に有用な制度でありながら、住民等への周知や支援関係者との連携が不足しているために、十分に利用されていない地方公共団体が多い。[13]犯罪被害者等と接する機会の多い被害者支援センターでは、警察と連携し、支援金の申請援助業務を行っているので、地方公共団体は警察や被害者支援センターと連携協力して、犯罪被害者等が確実に制度を利用できる体制を整えておく必要がある。

　支給要件については、親族間犯罪を理由とした支給制限を設けたり、重傷病支援金に関して入院要件を課すところがある。しかし、経済的に苦しむ犯罪被害者等に広く支給されるように、親族間という形式的要件ではなく、社会通念上適切でない場合に不支給とする等の実質的要件に変更したり、入院要件を撤廃するなどの支給要件の見直しが行われるべきである。

Ⅶ　条例制定の効果

　条例を制定する地方公共団体の増加に伴い、支援現場では支援金の支給や日常生活支援を中心に地方公共団体による支援が着実に広がっている。単独で充実した被害者施策を行うことが困難な小規模の地方公共団体であっても、条例

13　2021（令和3）年に奈良弁護士会が支援金制度を設けている322自治体（2020（令和2）年9月時点）に行った調査では、回答のあった215自治体の2017（平成29）～2019（令和元）年（3年間）の支給総数は遺族支援金が31件、重傷病支援金が142件と少なく、支給実績のない自治体は111と半数を超えた（https://www.naben.or.jp/other/7234/（最終閲覧：2024年12月15日））。

第7章　犯罪被害者等支援条例の現状とこれから　81

制定を契機に都道府県や近隣市区町村と連携したり、警察署等と連携協力協定を締結するなどして支援施策の充実を図っている地方公共団体もある。[14]

　また、条例の制定によって、職員の意識の向上、計画・指針の策定、協議会の設置、広報活動の強化、庁内連携の促進、既存の制度の円滑な利用や見直し、犯罪被害者等支援に特化した制度の創設、関係機関との連携強化、総合的支援体制の構築等が進んでいる。

　地方公共団体の職員からは被害者対応の困難さや経験の乏しさを悩みとして聞くところであるが、実際に支援の現場を経験した職員は犯罪被害者等の置かれた状況や地方公共団体による支援の必要性を実感することとなり、その経験が更なる支援施策の充実強化につながっていくことになる。

Ⅷ　課題と展望

　地方公共団体の役割の重要性が注目され、条例を制定して地域の状況に応じた施策を実施する地方公共団体が増える反面、条例が制定されておらず十分な取組みが行われていない地方公共団体との間で被害者施策に格差が生じている。

　また、条例を制定した地方公共団体間でも被害者施策の内容（支援金制度や日常生活支援制度の有無等）によって格差が生じている。条例を制定したものの、十分な施策を実施することができていない地方公共団体も少なくない。被害者施策はいつ犯罪被害にあうかもしれない住民に対するセーフティネットであり、住んでいる場所によって必要な支援を受けることができないことは住民にとって大きな不利益である。特に、多数の死傷者が生じる大規模被害事案において、犯罪被害者等の居住地によって受けることができる支援の内容に格差が生じると、その不利益は顕著となる。

14　奈良県では39全市町村が条例制定に合わせて警察署・被害者支援センターとの三者連携協定を締結している（奈良市 HP 参照：https://www.city.nara.lg.jp/site/press-release/8846.html（最終閲覧：2024年12月15日））。また、39全市町村が被害者支援センターに住民1人あたり2円で算定した額の賛助会費を納める方法で財政的支援を行い、それによって住民全体で犯罪被害者等を支える意思を表している。

さらに、急速なデジタル化の進展等によって社会経済環境が変化し、犯罪被害者等を取り巻く環境も複雑化・多様化する中、犯罪被害者等の多様なニーズに適切に応えるためには、定期的に当事者や支援関係者等の意見を聞き、必要に応じて条例改正を行い、被害者施策を充実させていく必要がある[15]。

　犯罪被害者等がどこに住んでいてもその権利利益が保護され、必要かつ十分な支援を受けることができるように、全ての地方公共団体が条例を制定・活用し、被害者施策の充実強化に取り組むことが求められる。

15　明石市では2011（平成23）年の条例制定以降も当事者等から意見を聞いたうえで5度の改正が行われている。市町村ではほかにも横浜市、神戸市、戸田市、防府市などが支援内容の拡充を図るために改正をしている。都道府県では宮城県（学校における教育の支援等の追加）や神奈川県（二次被害の防止の追加）などが改正をしている。また、千葉県では条例の中に条例の見直しに関する規定を置いている。

第7章　犯罪被害者等支援条例の現状とこれから　83

第8章	民間支援団体の現状と課題

――被害者支援センターとワンストップ支援センターを中心に

齋藤　実

I　本章のポイント

犯罪被害者等の支援には、国や地方公共団体の役割とともに、民間の団体[1]（以下「民間支援団体」という。）が重要な役割を果たす。

このことは、犯罪被害者等基本法（平成16年法律第161号）に、民間支援団体に関する規定が置かれていることからも分かる。同法はその前文に、国、地方公共団体とともに「民間の団体等の連携の下、犯罪被害者等のための施策を総合的かつ計画的に推進する」と規定する。さらに、民間支援団体の重要性から、国及び地方公共団体は「財政上及び税制上の措置、情報の提供等必要な施策を講ずる」（22条）とも規定する。

民間支援団体の中でも、被害者支援センターとワンストップ支援センターが重要な役割を果たしている。いずれも現在の日本の犯罪被害者等支援には欠かすことのできない存在であるが、他方で、財政難など抱える課題も少なくない。本章では、被害者支援センターとワンストップ支援センターの現状と課題について紹介する[2]。

1　犯罪被害者等基本法には、1条に「国、地方公共団体の……責務を明らかにする」とし、国の責務（4条）及び地方公共団体の責務（5条）を規定する。

2　齋藤実「犯罪被害者等への民間団体による支援――『犯罪被害者等支援フィンランド』（Rikosuhripäivystys）を中心として」学習院法務研究17号（2023年）55-58頁参照。

Ⅱ　被害者支援センターの現状と課題

1　被害者支援センターの意義

　被害者支援センターとは、電話相談、面接相談さらには直接的支援（裁判所・警察などへの付添い、さらには買い物等の日常生活の支援など）を通じて、犯罪被害者等を事件発生直後の早い段階から、継続的にそして多角的に支援する民間支援団体である。

　犯罪被害者等への支援には、犯罪発生直後からの早い段階から開始するとともに、きめ細やかな支援を継続的に行い、犯罪被害者等の様々なニーズに多角的に応じることが必要である[3][4]。もちろん、国や地方公共団の支援も重要ではあるが、犯罪発生直後から支援を受けられるとは限らず、また支援を受ける時期も一定期間であることが多く、さらには支援の内容も特定の分野に限られていることも多い。これに対して、被害者支援センターは、犯罪発生直後から（迅速性）、継続的にきめ細やかな支援をし（継続性）、ニーズに応じた幅広い支援を行い必要に応じて専門機関とも連携する（多角性）。被害者支援センターがこのような手厚い支援を提供することにより、犯罪被害者等は元の生活に戻る立ち直りのきっかけをつかむことができる[5]。

2　被害者支援センターの歴史と現状

（1）被害者支援センターと「全国被害者支援ネットワーク」

　被害者支援センターの歴史は、1992（平成４）年、東京医科歯科大学難治療疾患研究所に設置された「犯罪被害者相談室」に遡る。その後、2000（平成12）年、同室は「社団法人被害者支援都民センター」となった[6]。

3　牛山敦「犯罪被害者等基本法の概要」法律の広場58巻５号（2005年）45-46頁。

4　番敦子他『犯罪被害者等基本計画』（ぎょうせい、2006年）167頁では「被害者支援は多方面にわたり長期に及ぶ。このような支援においては、民間支援団体の役割は非常に重要である。」とする。

5　番敦子「犯罪被害者支援」指宿信他編『犯罪被害者と刑事司法』（岩波書店、2017年）83頁。

6　現在は「公益社団法人被害者支援都民センター」として活動している（https://www.

また、犯罪被害者等支援の向上を図るために全国組織が結成されることになる。1998（平成10）年、全国8つの被害者支援センター（北海道、石川、東京、茨城、愛知、和歌山、大阪、広島）によって、「全国被害者支援ネットワーク[7]」が設立された。同団体の目的は、犯罪被害者等への支援事業を効果的に推進するとともに、社会全体の被害者支援意識の高揚を図り、もって犯罪被害者等の被害の回復と軽減に資することにある[8]。その後、加盟する団体が増え、2009（平成21）年には47都道府県すべてに被害者支援センターが設置された。

（2）「犯罪被害者等早期援助団体」と早期の情報提供

　2001（平成13）年、犯罪被害者等給付金支給法の一部を改正する法律（平成13年法律第30号[9]）が成立し、目的を定めた同法1条に「犯罪被害等を早期に軽減」との文言を追加した。

　この改正に伴い、警察本部長等は、「犯罪被害者等に対し、情報の提供、助言及び指導、警察職員の派遣その他の必要な援助を行うように努めなければならない」（同法22条1項）との規定を置いた。他方で、公安委員会が一定の条件を満たした法人を「犯罪被害者等早期援助団体」として指定し（同法23条1項）、犯罪被害者等早期援助団体として指定を受けることで、警察との情報共有を可能とした。具体的には、警察は、犯罪被害者等早期援助団体の求めに応じて、犯罪被害者等の同意を得て、当該犯罪被害者等の氏名及び住所その他当該犯罪被害の概要に関する情報を提供することができる（同法同条4項）。

　このように犯罪被害者等早期援助団体としての指定を受けることで、犯罪被害者等への支援が進むことを期待される。そこで、各被害者支援センターは、犯罪被害者等早期援助団体としての指定を受け始め、2015（平成27）年には、全都道府県の被害者支援センターが犯罪被害者等早期援助団体としての指定を受けるに至った。これにより、被害者支援センターは事件発生直後から警察に

---

shien.or.jp/index.html（最終閲覧：2024年8月16日））。

7　2016年11月より正式名称は「公益社団法人全国被害者支援ネットワーク」である（https://www.nnvs.org/network/history/（最終閲覧：2024年8月16日））。

8　https://www.nnvs.org/network/history/（最終閲覧：2024年8月15日）

9　この改正に伴い、同法の題名は犯罪被害者等給付金支給法から「犯罪被害者等給付金の支給等に関する法律」に改められた。

86　第1部　近年の被害者支援をめぐる動向

より情報提供を受けることが可能となり、早期に活動を開始することができることとなった。

（3）活動の状況

被害者支援センターの支援活動は、電話相談や面談相談、さらには直接的支援である。直接的支援の内容は多岐に及び、警察や裁判所、病院や法律事務所への付添、裁判所の代理傍聴、買い物などの日常生活の支援などである。被害者支援センターによっては、自宅訪問や日常生活のサポート、弁護士による法律相談や専門家によるカウンセリング、宿泊場所の提供も行っている[10]。

3 被害者支援センターの課題

（1）深刻な財政難への対応

もっとも、被害者支援センターは、人手不足とともに資金難が深刻化している。2020（令和2）年にはセンターの3割が赤字に陥っていた[11]。その原因は、犯罪被害者等からの相談件数が増加しているにもかかわらず、財政基盤が脆弱であることにある。

被害者支援ネットワーク加盟団体の活動状況を見ると、2014（平成26）年の犯罪被害に関わる相談は1万6866件であったのに対し、2023（令和5）年は4万4765件であった。これらの相談の中で、直接的支援は、2014（平成26）年8413件であったのに対し、2023（令和5）年は9608件であった。特に裁判関連支援（2023（令和5）年は2121件）、弁護士法律相談付添い（同年1861件）が多い[12]。他方で、被害者支援センターの財政基盤は、主として会員からの会費、寄付金や助成金等などから成り立っているに過ぎない[13]。

相談等の増加に対応するためには、国による財政支援等の喫緊の対応が求められる。北欧諸国では、国が民間支援団体への支援を積極的に行っている。例えば、スウェーデンでは、有罪判決を受けた者からの徴収金により「犯罪被害者基金」を作り、犯罪被害者庁が民間支援団体にその基金の一部を分配する[14]。

---

10 https://www.nnvs.org/shien/about/（最終閲覧：2024年8月15日）

11 日本経済新聞2022（令和4）年9月5日（朝刊）31頁。

12 https://www.nnvs.org/network/about/invest/#a0404_data（最終閲覧：2024年8月15日）

13 https://www.nnvs.org/network/reports/（最終閲覧：2024年8月18日）

また、フィンランドでも、民間団体に法務省等が支援を行うことで、安定した経済基盤で活動を行っている[15]。ノルウェーでは、民間団体を「犯罪被害者庁」（ノルウェーの正式名称は「暴力犯罪補償庁」）の傘下に置き、国の組織に組み入れた経験を持つ[16]。

　犯罪被害をいつ誰が受けるかは分からない。万が一、犯罪被害に巻き込まれた場合には、国が積極的な支援を行うべきである。民間支援団体（被害者支援センターはもちろんワンストップ支援センターも含めて）は、国が本来行うべき支援を、国に代わって行っていることを想起し、国が積極的に財政支援に乗り出す必要がある。

（2）被害者支援センターへの増えるニーズ──心情等伝達制度の支援

　被害者支援センターへのニーズは増加している。その新たな役割として、2023（令和5）年12月1日に始まった、刑の執行段階等における被害者等の心情等の聴取・伝達制度への対応がある。同制度は、犯罪被害者等から心情等を聴取し加害者に伝えるものであるが、聴取に際して不安を軽減させる配慮をする必要がある。そのため、聴取の際に、被害者支援センターの相談員が同席することや、被害者支援センターを聴取場所とすることも考えられる。また、心情等の伝達結果を犯罪被害者等に書面で通知するが、その際にも、相談員が立ち会うなどして、犯罪被害者等に最大限配慮するべきであろう。

Ⅲ　ワンストップ支援センターの現状と課題

1　ワンストップ支援センターの意義

　ワンストップ支援センターとは、性暴力被害者に対し、被害直後から、医療的な支援、心理的な支援、捜査関連の支援、法的な支援などの総合的な支援を可能な限り1か所で提供し、被害者の心身の負担を軽減し、その健康の回復を図るとともに、被害の潜在化を防止すること等を目的とする施設である[17]。

14　齋藤実「北欧における犯罪被害者政策──犯罪被害者庁を中心にして」被害者学研究29号（2019年）90頁。

15　齋藤・前掲論文（注2）59頁。

16　齋藤実「ノルウェーにおける犯罪被害者庁の現在（いま）」獨協法学98号（2015年）13頁。

性暴力による被害は、被害者の生命身体への侵害のみならず、精神への大きな侵害をもたらす。「魂の殺人」といわれる性暴力には、十分な支援体制が必要である。

　他方で、その支援体制の構築は容易ではない。性暴力被害者は、自らが性暴力による被害を周囲に申告しないことが多く、また、性暴力被害者の支援には、医療的な支援、心理的な支援、捜査関連の支援、法的な支援など多岐にわたる。

　そこで、犯罪被害者が安心してアクセスすることができ、しかもその施設1か所で、必要な支援を全て受けることができれば、性暴力被害者の負担は軽減する。そのため、1か所で、医療的な支援、心理的な支援、捜査関連の支援、法的な支援などの総合的な支援の提供を受けることができる、ワンストップ支援センターが重要な意義を有する。

2　ワンストップ支援センターの歴史と現状

（1）性暴力被害者支援と第4次男女共同参画基本計画

　1983（昭和58）年、「東京・強姦救援センター」が設立され、性暴力被害者支援行われるようになる。[18] 1995（平成7）年には、同年に沖縄で起きた米兵暴行事件をきっかけに、「強姦（ごうかん）救援センター・沖縄（REICO＝レイコ）」が設立された。[19] また、2010（平成22）年になると、相談から診察、警察との連携まで担い民間病院を拠点とする「性暴力救援センター・大阪SACHIKO（サチコ）」（以下「大阪SACHIKO」。）が設立された。[20] これらは、各地域の性暴力被害者支援として重要な役割を果たした。

　その後、全国にワンストップ支援センターを設置する動きが出てくる。2015

17　https://www.npa.go.jp/higaisya/renkei/onestop.html（最終閲覧：2024年8月15日）

18　http://www.tokyo-rcc.org/?page_id＝61（最終閲覧：2024年8月15日）

19　https://www.asahi.com/articles/ASR9K5TVKR9KDIFI009.html（最終閲覧：2024年8月16日）。同所は、ワンストップ支援センターができたことから、2023（令和5）年9月末に活動を終了した。受けた相談は延べ4336人にのぼり、カウンセリング297回、弁護士・警察への同行支援145回、裁判支援は6件を数える（日本被害者学会第34回学術大会〈2024年6月29日・琉球大学〉のシンポジウムにおける元REICO代表高里鈴代氏の提供資料による）。

20　https://sachicoosaka.wixsite.com/sachico（最終閲覧：2024年8月15日）

（平成27）年、第4次男女共同参画基本計画（同年12月閣議決定[21]）において、女性に対する暴力の根絶（第7分野）の1つとして、「ワンストップ支援センターの設置促進」が定められた。ここでは、性暴力被害者に対する専門の相談窓口機能を持ち、必要に応じ医師による心身の治療・警察等への動向支援を始めとする、適切な支援が可能なワンストップ支援センターの設置が謳われ、2020（令和2）年までに各都道府県に最低1か所は設けるべきとされた。その後、予定通り、ワンストップ支援センターが全都道府県に設置され、現在では全国で54か所に設置されている[22]。相談件数は増加傾向にあり、2019（令和元）年度4万1384件であったが、2023（令和5）年度は6万9100件であった[23]。

（2）ワンストップ支援センターの種類

ワンストップ支援センターは3種類に分かれる。拠点病院内に相談センターを設置する「病院拠点型」、提携病院の近くに相談センターを設置する「相談センター拠点型」、相談センターが中心となり複数の協力病院と連携する「相談センターを中心とした連携型」がある。

これらの中でも必要性が高いのは、病院拠点型である。病院拠点型であれば、性暴力被害に精通した医師や支援員が治療や支援に当たるとともに、刑事裁判に備えて証拠保全もできる。治療や支援に当たって被害者が二次被害を受ける心配がないことはもちろん、診断書も事件化される場合に備えて的確に作成される[24]。ただ、現在、病院拠点型は全国で12か所に過ぎず全体の2割程度にとどまっている。

3　ワンストップ支援センターの課題

（1）喫緊の財政支援の必要性

病院拠点型の中で最も歴史が古いワンストップ支援センターは、大阪

21　https://www.gender.go.jp/about_danjo/basic_plans/4th/index.html（最終閲覧：2024年8月15日）

22　国家公安委員会・警察庁編『令和6年版　犯罪被害者白書』（2024年）207-209頁。

23　https://www.gender.go.jp/policy/no_violence/seibouryoku/measures.html#onestop（最終閲覧：2024年8月15日）

24　https://www.asahi.com/articles/ASN7B62S1N7BUTIL032.html（最終閲覧：2024年8月16日）

SACHIKO である。2010（平成22）年に設立され、現在、年間の相談件数4000件を超える。しかし、医師確保ができず、公立病院への移転も模索するなど、厳しい運営状況にある[25]。

これは、大阪 SACHIKO に限ったことではなく、他のワンストップ支援センターも同様の状況を抱えている。財政難であることにより、医師や支援員の数さらには質の確保が難しくなる[26]。これらの課題に対して、国は喫緊の課題として、財政支援を行う必要がある。

（2）子どもの性暴力被害者への支援

子どもへの性暴力に対する対応も必要である。子どもへの性暴力は身近な者によることが少なくなく、周囲も気が付きにくい。また、被害にあった子どもの心身に長期的にわたる有害な影響を及ぼす。そのため、子どもの性暴力被害には、成人の性暴力とは別に対応する必要がある。

北欧では、子どもの性暴力被害者へのワンストップ支援センターが発達しており、この施設は「子どもの家」と呼ばれている[27]。性暴力を受けた子どもに特化したワンストップ支援センターで、現在では、北欧のみならず、EU 諸国にも導入されつつある。子どもの家は刑事手続との連携がされており、裁判での子どもの二次被害を防ぐため、子どもの家で子どもの供述を録画し、その録画した記録が伝聞法則の例外として裁判所に証拠として提出される[28]。そのため、

---

25 産経新聞2023（令和5）年9月23日　https://www.sankei.com/article/20230923-5ZNH3 UWKD5MLNN3TWR4YNX4SPM/（最終閲覧：2024年8月16日）によると、2010（平成22）年度の相談件数（延べ）は1463件、診療人数は128人だったが、2022年（令和4）年度はそれぞれ4231件、406人となり、医師の24時間対応が難しくなってきている。

26 日本弁護士連合会第60回人権擁護大会シンポジウム第1分科会実行委員会「あらためて問う『犯罪被害者の権利』とは～誰もが等しく充実した支援を受けられる社会へ～」（https://www.nichibenren.or.jp/library/ja/committee/list/data/no60_houkoku_01.pdf（最終閲覧：2024年8月16日））123-124頁。

27 齋藤実＝矢野恵美「諸外国の動向──北欧等における施策の紹介」龍岡資晃＝川上拓一他「児童虐待に関する裁判例の研究──北欧における児童保護のための『子どもの家』の紹介を兼ねて」判例秘書ジャーナル（2023年）61-66頁。

28 フィンランドの状況について齋藤実「フィンランドにおける子ども等の供述等への伝聞例外の適用と司法面接──刑事訴訟法321条の3の制定を受けて」琉大法学108号（2023年）7-11頁。

子どもは証人として出廷する必要はない。日本でも子どもの性暴力被害者に特化したワンストップ支援センターが設立されることが検討されて良い。

（3）男性の性暴力被害者への支援

　日本弁護士連合会犯罪被害者支援委員会がおこなったアンケート調査では、54団体のワンストップ支援センターのうち、47団体で男性被害者の支援を可能としている。また、そのうち、43団体では相談対応以外の具体的支援も可能であるとしている。自由回答には「性差ではなく、その人に合わせて対応する。」などもあり、ワンストップ支援センターで柔軟な対応がなされていることは、評価される。

　もっとも、約70％の男性の性暴力被害者が「どこ（誰）にも相談しない」と回答している。男性の性暴力被害者によっては、ワンストップ支援センターにアクセスすることへのハードルが高いことも考えられるので、アクセスをしやすい環境を作るかを考える必要があろう。

29　https://www.nichibenren.or.jp/library/pdf/activity/human/victim/one_stop_questionnaire.pdf（最終閲覧：2024年8月16日）。2023年9月21日から10月13日に実施し、性犯罪・性暴力被害者のためのワンストップ支援センター54団体のうち、神奈川県の「男性及びLGBTs被害者のための相談ダイヤル」と佐賀県の「佐賀県立男女共同参画センター・生涯学習センター（アバンセ）」（さが「mirai」と担当部署が共通のため）を除いた52団体におこなった。回答数は、51団体。

30　NHKのおこなった「男性の性被害292人実態調査アンケート結果」（https://www.nhk.or.jp/minplus/0026/topic013.html（最終閲覧：2024年8月16日）では、292人からの回答のうち、66.4％が「どこ（誰）にも相談しない」と回答した。その理由として、「恥ずかしくてだれにも言えなかったから」84％、「相談してもむだだと思ったから」74％、「どこ（だれ）に相談してよいのかわからなかったから」60％であった。

第9章　2023（令和5）年性犯罪規定の改正

長谷川桂子

Ⅰ　本章のポイント

2023（令和5）年6月16日、「刑法及び刑事訴訟法の一部を改正する法律」（令和5年法律第66号。以下「改正法」という。）及び「性的な姿態を撮影する行為等の処罰及び押収物に記録された性的な姿態の影像に係る電磁的記録の消去等に関する法律」（令和5年法律第67号。以下「性的姿態撮影等処罰法」という。）が国会で成立した（以下改正と新法の制定を合わせて「令和5年改正」という。）。

2017（平成29）年の刑法（性犯罪規定）改正では被害者の立場から見たいくつかの重要論点について改正が見送られたが、令和5年改正では、それら積み残しされた重要論点の改正を含む多くの改正並びに新たな犯罪及び制度の新設がなされた。令和5年改正がこのように進んだことは、法制審議会の部会（刑事法（性犯罪関係）部会）に被害者の心理状況、治療に詳しい精神科医、臨床心理士や性暴力被害の当事者団体からの委員が参加したことにより性被害の実情が議論に反映されたことも大きく寄与しているものと考える。

本章では、令和5年改正について、改正等までの経緯、改正等の概要と評価、今後の課題と展望について、法制審議会刑事法（性犯罪関係）部会（以下「部会」という。）に被害者支援の立場から幹事として議論に参加した経験も踏まえ述べることにする。

なお、本章中意見にわたる部分は筆者の個人的見解であることをあらかじめお断りする。

Ⅱ 令和5年性犯罪規定改正までの経緯

1 2017（平成29）年改正まで

　現行刑法は1907（明治40）年3月25日に成立し（明治40年法律第45号）、翌年施行された。以来刑法自体は戦前・戦後を通じて改正が重ねられてきたが、性犯罪規定については2004（平成16）年まで構成要件の改正はなかった。2023（令和5）年の改正は、2017（平成29）年の改正に引き続き3度目の改正となる。

　2004（平成16）年の改正（「刑法等の一部を改正する法律」（平成16年法律第156号））は、一言で言えば重罰化であり、法定刑の見直しや集団強姦罪（178条の2）の新設がされた。

2 2017（平成29）年改正

　2017（平成29）年の刑法改正（「刑法の一部を改正する法律」（平成29年法律第72号）。以下「平成29年改正」という。）は構成要件や法定刑の見直し、新しい性犯罪の新設を含む大改正であった。その内容は次のとおりである。

（1）強姦罪（177条）の改正（対象行為の拡大と厳罰化）

　対象となる行為として肛門性交、口腔性交が加えられ、男性も被害者となりうることとなった。罪名が強制性交等罪と変更され、法定刑の下限も懲役3年から5年（致死傷罪は懲役5年から6年）に引き上げられた。

（2）監護者わいせつ罪及び監護者性交等罪（179条）の新設

　加害者と被害者の関係性に着目し、18歳未満の者に対して「監護者」の関係にある者がその影響力に乗じてわいせつな行為又は性交等を行った場合、暴行・脅迫や心神喪失・抗拒不能がなくても処罰するという犯罪が新設された。

（3）強盗強姦罪の構成要件の見直し等（241条）

　同一の機会に強盗と強制性交等が行われた場合、どちらが先行しても強盗・強制性交等罪として、法定刑を無期又は7年以上の懲役とする旨改正された。[1]

1　改正前は、強盗が先行した場合は無期又は7年以上の懲役（強盗強姦罪）、強姦が先行した場合は5年以上30年以下の懲役（強姦罪と強盗罪の併合罪）と法定刑が異なっていた。

（4）　強姦罪等の非親告罪化（旧180条（親告罪）の削除）

（5）　集団強姦罪（178条の２）の削除

3　平成29年改正の課題

平成29年改正では、次に掲げる問題点について改正が見送られ[2]、課題が残された[3]。

（1）暴行・脅迫要件、心神喪失・抗拒不能要件の改正

暴行・脅迫要件（176条・177条）、心神喪失・抗拒不能要件（178条）については、要件が狭すぎる、被害実態を無視しているなどの問題点が指摘されていたが[4]、平成29年改正では見送られた。

（2）地位関係性を利用した性行為の処罰化

対等でない者の間では、力関係を利用して意思に反した性的行為を強いられる被害実態がある。既存の規定では処罰が困難であることから処罰規定を設けるかどうかが議論されたが、平成29年改正では、18歳未満の者に対して監護者の地位にある場合だけが構成要件化された（179条）。

（3）公訴時効の撤廃又は停止

性被害は、被害認識に時間が掛かる、被害を開示しにくい、被害を開示できるようになるまで時間が掛かることなどから潜在化しやすい[5]。このような被害実態に鑑みると、公訴時効期間が短すぎる、公訴時効で処罰が不可能となるの

2　（1）（3）（4）は「性犯罪の罰則に関する検討会」（2014（平成26）年10月〜翌2015（平成27）年８月）でも論点として検討されたが消極的意見も多く（「性犯罪の罰則に関する検討会」取りまとめ報告書参照。）、法制審議会への諮問第101号には含まれなかった。

3　平成29年改正時の法制審議会刑事法（性犯罪関係）部会（以下「前部会」という。）において今後の課題について言及するものとして、角田由紀子委員（第７回部会議事録12頁）、木村光江委員、齋藤梓幹事（同14頁）の発言、第７回部会に提出された小西聖子委員の意見書（同15頁）がある。

4　角田委員（前部会第２回議事録18頁以下）は、暴行脅迫の程度、抵抗の有無・程度が問われることについて問題点を指摘している。

5　性被害の潜在化については、内閣府男女共同参画局が３年毎に実施している「男女間における暴力に関する調査」の「Ⅱ５. 無理矢理に性交等をされた被害経験」（最新の令和５年度調査では「不同意性交等をされた経験」）に相談の有無、相手、相談までの経過年数など集計されている。

は適切ではないなどの問題点が指摘されていたが、平成29年改正ではこれらの改正は見送られた。

（4）性交同意年齢（13歳）の引き上げ[6]

（5）配偶者間でも犯罪が成立しうることの明示

4　施行後3年見直しに向けた動き

　平成29年改正法の附則には、法律施行3年後の見直し条項が設けられた（9条[7]）。そこで、改正間もない時期から、被害者、被害者支援の立場（以下「被害者側」という。）から、次回の改正に向けた勉強会や運動が始まった[8]。2019（平成31）年3月に相次いだ4つの無罪判決[9]は刑法改正を訴える運動（フラワーデモ）のきっかけともなった。

　法務省も「性犯罪に関する施策検討に向けた実態調査ワーキンググループ」、「性犯罪に関する刑事法検討会」（以下「検討会」という。）を順次設置し、それぞれ「取りまとめ報告書」が公表され、これらを踏まえて2021（令和3）年9月、法務大臣から法制審議会へ「性犯罪に対処するための法整備に関する諮問」が出された（諮問第117号）。部会での審議を経て、2023（令和5）年2月、刑法及び刑事訴訟法の改正と性的姿態の撮影等を処罰する罪の新設と性的姿態の画像等を没収・消去する仕組みの導入を内容とする要綱（骨子）案が法務大臣へ答申された。

6　この論点は諮問101号には含まれてなかったが、部会では角田委員から引き上げるべきとの意見が出され（前部会第2回議事録18頁以下）、武内大徳幹事からも、犯罪被害者支援に取り組む弁護士からは引き上げるべきとの強い意見が出ていることが紹介された（同24頁）。

7　「性犯罪における被害の実情や改正後の規定の施行状況等を勘案し、性犯罪に係る事案の実態に即した対処を行うための施策の在り方について検討を加えること」が求められた。

8　女性団体での改正法の勉強会や「刑法改正市民プロジェクト」など。

9　福岡地久留米支判平成31・3・12判例集未登載、静岡地浜松支判平成31・3・19判時2437号100頁、名古屋地岡崎支判平成31・3・26判時2437号138頁、静岡地判平成31・3・28LLI/DB L07450242。

Ⅲ　令和 5 年改正の概要

　令和 5 年改正は①刑法改正（処罰規定の改正）、②刑事訴訟法改正（手続規定の改正）、③性的な姿態を撮影する行為等の処罰及び押収物に記録された性的な姿態の影像に係る電磁的記録の消去等に関する法律（以下「性的姿態撮影等処罰法」という。）の制定（性的姿態撮影等の処罰規定と画像等消去の手続規定の新設）の 3 つからなる。

1　刑法改正

（1）保護法益・性犯罪の本質

　部会では①性犯罪の保護法益は性的自由・性的自己決定権[10]であり、②性犯罪の本質は自由な意思決定が困難な状態でなされた性的行為を処罰することにあること[11]を前提に議論が進められた。

（2）不同意わいせつ罪・不同意性交等罪の改正（176条・177条の改正及び178条削除）

　改正法は、改正前の準強制わいせつ罪・準強制性交等罪（178条）を削除し、行為者が被害者に生じている状態を利用する場合[12]も合わせて、不同意わいせつ罪（176条）、不同意性交等罪（177条）とした。

（ア）暴行・脅迫要件、心神喪失・抗拒不能要件の改正（176条・177条各 1・2 項）

　（A）改正前法の問題点　　改正前刑法176条・177条の暴行・脅迫要件、心神喪失・抗拒不能要件については、①暴行・脅迫要件について解釈上「抵抗を著しく困難」な程度が要求されておりⅰ）被害者に抵抗を義務づけている、ⅱ）身体がフリーズする、頭が真っ白になるなどの被害実態を無視している、②ⅰ）暴行・脅迫要件について裁判実務で緩やかに解釈する事例やⅱ）心神喪

10　第 6 回部会議事録等参照（以下、部会議事録は単に議事録と記載する。）。齋藤健法務大臣答弁（第211回国会衆議院本会議会議録第24号（2023（令和 5）年 5 月 9 日）発言31）も同旨である。以下、第211回国会衆議院本会議又は法務委員会の議事録を引用する際は、「第211回国会衆議院」を省略する。

11　前注に同じ。

12　条文の文言は「その状態にあることに乗じて、」（ 1 項）、「それらの誤信若しくは人違いをしていることに乗じて」（ 2 項）である。

失・抗拒不能要件について、不意打ち、誤信がある場合や上下関係により抵抗困難な場合などが処罰される事例がある反面、そうではない事例もあるなど解釈、判断にばらつきが生じている、③処罰されるべき事例が処罰から漏れている等の問題点が指摘されていた。

（B）令和5年改正の趣旨　　部会では改正により処罰範囲を拡大するかどうかも検討されたが、結論として処罰範囲を広げるものではなく、処罰対象を明確化し判断のばらつきをなくすことが目的とされた[13]。

これにより改正前法でも本来処罰すべきであった（がされてこなかった）行為がより的確に処罰されることになることが期待され[14]、処罰される件数が増えうることが想定される。

a）　1項　　i　構成要件　　1項は、8つの行為・事由[15]（以下「例示列挙事由」という。）その他これらに類する行為又は事由により、「同意しない意思を形成し、表明し若しくは全うすることが困難な状態にさせ又はその状態にあることに乗じて」（以下「同意しない～乗じて」を「包括要件」という。）、わいせつ行為、性交等を行うことを処罰対象とした[16]。

法制審議会への諮問では、相手方の脆弱性や地位・関係性を利用して行われる場合にかかる罪の新設の検討が暴行・脅迫要件、心神喪失・抗拒不能要件の改正とは別の項目として挙げられていた（諮問第117号第1の3）が、令和5年改正法では独立の犯罪として新設することはせず、暴行・脅迫要件、心神喪失・抗拒不能要件の例示列挙事由に含むこと（8号）で対応された。

ii　包括要件についての議論　　令和5年改正法は、性犯罪の本質的要素が

13　松下裕子政府参考人答弁（法務委員会会議録第17号（2023（令和5）年5月17日）発言7）も同旨である。

14　前注に同じ。

15　1〜8号は以下のとおりである。①暴行又は脅迫、②心身の障害、③アルコール又は薬物の摂取・影響、④睡眠その他意識不明瞭、⑤同意しない意思を形成・表明・全うするいとまの不存在、⑥予想と異なる事態への直面に起因する恐怖又は驚愕、⑦虐待に起因する心理的反応、⑧経済的又は社会的関係上の地位に基づく影響力による不利益の憂慮。

16　このように例示列挙事由と包括要件の2段構えとする方向性は部会の1巡目の議論から複数の委員から示唆されていた。第3回議事録各委員、幹事の発言及び井田良座長による「第一の一」の取りまとめの発言（20頁目）参照。

自由な意思決定が困難な状態でなされた性的行為であることを前提に、性的自己決定権・性的自由が侵害される客観的な状況を意思の「形成」・「表明」・「全う」の３段階を用いて包括要件として定めるものであるが、要綱（骨子）試案で最初に示された文言は「人を拒絶困難（拒絶の意思を形成し表明し又は実現することが困難な状態をいう。以下同じ）にさせ、又は～人が拒絶困難であることに乗じて」とするものであった。この試案に対しては「拒絶困難」「拒絶の意思」「実現」「困難」という文言が、被害者に拒絶困難や抵抗を要求するように読めるなどと被害者側から一斉に反対意見が述べられた[18]。立案担当者からは「拒絶困難」は被害者に抵抗を義務づける趣旨ではないと説明されたが、第13回部会で示された要綱（試案）改訂版では、この点を明確に示すため、「拒絶」「実現」が「同意しない意思」「全うする」と改められ[19]、この文言で改正されるに至った。

部会では「意思に反して」性的行為をすることを包括要件とする意見が被害者側から出され、この点も論点となったが[20]、人の内心を直接問題とするため処罰範囲の明確化や安定的な運用に資するのかという課題が克服されず、今回の改正では採用されなかった。

なお、「困難」に程度は問われておらず、「著しく困難」など強い程度は要求されない[21]。

ⅲ　例示列挙事由　　例示列挙事由は裁判例や委員・幹事から示された具体例なども踏まえ、「困難な状態」に陥る原因となりうる行為や事由が具体的に挙げられているものである[22]。どのような手段や状況の利用が犯罪となりうるか

17　部会資料26（第10回配布）。

18　山本潤委員（第10回議事録７頁以下）、齋藤委員（同11頁以下、18頁）、筆者（同12頁以下）、小島妙子委員（同15頁以下）など。

19　第13回議事録（１頁以下）。

20　部会資料11（第６回配布）、21（第８回配布）、第６・８回議事録参照。

21　松下政府参考人答弁（法務委員会議録第17号（2023（令和５）年５月17日）発言15）。

22　「これまでの判例上あるいは解釈上、暴行又は脅迫、あるいは心神喪失、抗拒不能といった要件を踏まえて、適用があると解釈されてきたものをより具体化して、ばらつきが生じないように、できる限り列挙したものである。」松下政府参考人答弁（法務委員会議録第17号（2023（令和５）年５月17日発言173）。

を具体的に示しており、刑法の名宛人である一般の人々にも理解しやすくなったと思料する。例示列挙事由も程度は問わず[23]、改正前のように強い程度は要求されないことに注意を要する。

b)　2項　2項は偽計、欺罔や誤信に陥っていることを性的行為の手段とする場合を、1項の例示列挙事由とは別立てとして構成要件としたものである。性的行為をするかどうかの意思決定過程に錯誤がある場合のうち、行為のわいせつ性の誤信又は人違いがある場合のみを限定列挙したものである。部会では、結婚詐欺など、動機に錯誤が生じている場合を含めると処罰範囲が広がりすぎる等の反対意見が強く[24]、この2つの場合に限定がされた。

この点、被害者側としては、性的行為を行うかどうかの意思決定に向けた偽計、欺罔がされたり、誤信に乗じる場合にも性的行為をするかどうかの前提に誤りがあり、自由な意思決定が困難な状態でなされた性的行為と言いうる。令和5年改正では除外されたが、次回改正への課題である。

（C）罪名の変更について　この改正による176条・177条の罪名改正は、性犯罪の本質が同意のない性的行為であることを端的に表現しており、同意なき性的行為が許されないことを分かりやすく示す効果もあり筆者は評価している。

ただし、罪名に「不同意」とあるものの、「不同意」そのものを構成要件とすることは令和5年改正では見送りがされている。包括要件と例示列挙事由・行為が要求されるものであり、改正により同意のない性的行為が全て処罰されるようになったわけではないことには注意を要する。

（イ）性交同意年齢の引き上げ（176条・177条）

（A）改正内容　改正前刑法では性交同意年齢は13歳とされ、13歳未満の者に対する性的行為は手段・状態を問わず処罰の対象とされていた。改正法では、性交同意年齢を16歳に引き上げた上で、行為の相手方が13歳以上16歳未満の場合は、行為者が処罰されるのは5歳以上年上の場合に限る（以下この条件を「年齢差要件」という。）とされた（176条3項・177条3項）。

23　松下政府参考人答弁（法務委員会会議録第17号（2023（令和5）年5月17日）発言11）。

24　佐藤拓磨幹事（第3回議事録16頁）、佐伯仁志委員（同17頁）、今井猛嘉委員（同18頁）など。

（B）検討状況　論点や考慮要素が多く、また、意見も分かれたため、同意年齢引き上げの論点だけで部会1回を費やすほど慎重な議論がされた。[25]

部会では、①同意年齢を引き上げるべきか、その理論的根拠は何か、②引き上げるとしたら何歳とすべきか、③13歳未満と13歳以上で扱いを異にすべきか、その理論的根拠は何か、④同年代同士の性的行為をどう扱うか（処罰対象とするか）、⑤④に関連して一定年齢層について加害者との年齢差要件を設けるか、その場合何歳差とするか、⑥年齢差要件に加えて実質的要件（対処能力が不十分であることに乗じて等）を加えるか、が論点となった。[26]

①について性的同意能力（性的行為をするかどうかの同意に関わる能力）とは、ⅰ）行為の性的な意味を認識する能力、ⅱ）行為が自己に及ぼす影響を理解する能力、ⅲ）性的行為に向けた相手方からの働きかけに的確に対処する能力と整理がされた。[27]その上で②については16歳とされた。被害者側としても部会の議論当初から「最低（義務教育課程中である）中学生は守る」という共通認識があった。[28]③～⑤については、年齢差要件を設けるか、設けるとしたら何歳とすべきかについて被害者側でも意見が分かれていたが、[29]中学生同士など年齢が近い者同士間での不同意が問題とならない行為が構成要件に該当することへの強い抵抗や刑罰の謙抑性から、[30]13歳以上に対する場合は、5歳以上の年齢差がある場合に限り処罰することとなった（年齢差要件）。[31]引き上げの理論的な根拠と

25　1巡目（第3回）、2巡目（第6回）、3巡目（第8回）の議論を経て、第9回は丸々この論点に費やされた。

26　井田座長による論点の整理は、部会第9回議事録35頁以下参照。

27　松下政府参考人の答弁では、ⅱ）ⅲ）の能力について行為の相手方との関係において、行為が自分に及ぼす影響について自律的に考えて理解したり、その結果に基づいて相手方に対処する能力と、若干異なる説明がされている（法務委員会会議録第17号（2023（令和5）年5月17日）発言193）。

28　第3回議事録山本委員、小島委員（21頁以下）、筆者（24頁）、齋藤委員（30頁）発言。

29　5歳差（小西委員第9回議事録10頁以下）、3歳（齋藤委員同3頁以下、山本委員同21頁以下）。筆者は引き上げの理論的根拠が①～③の能力不足だとすると、相手との年齢差に関係なく欠けるというべきで、年齢差を設けるとしたら政策的見地であるとの意見であった（同29頁以下）。

30　小島委員（第6回議事録20頁以下、第9回議事録25頁）、宮田桂子委員（第6回議事録27頁）。

31　齋藤法務大臣答弁（法務委員会会議録第17号（2023（令和5）年5月17日）発言153）「性

の関係は、13歳以上はⅲ）の能力が不十分であり、相手方との関係が非対等な場合には相手方からの働きかけに対して適切に対処しうるとは言えないと整理された。⑥実質的要件を設けることについては被害者側から年齢引き上げの意味をなくす、未熟さを問うこととなり二次被害が繰り返されるなどとの強い反対意見が出されていた。形式的要件としておよそ対等な関係がまず考えられない年齢差として5歳差を採用した結果、実質的要件は不要とされた。

　なお、年齢差要件を満たさない場合でも、176条・177条の1項、2項の要件を満たす場合には犯罪が成立することは当然である。両院法務委員会の附帯決議でも、行為の相手方が16歳未満の場合の176条・177条の1項、2項の適用について注意喚起がされている（1項）。

（ウ）不同意性交等罪の対象行為の拡大（177条）

　平成29年改正では177条の対象行為を口腔性交、肛門性交に広げる改正がされたが、令和5年改正では更に、陰茎以外の身体の一部または物を膣又は肛門に挿入する行為も重い177条で処罰することとされた。平成29年改正時の部会の議論では否定的な意見が強かったが、令和5年改正時の部会では、精神医学的・心理学的知見への理解が進み、対象行為の拡大がされた。

　なお、令和5年改正においても、口腔への陰茎以外の挿入は対象行為から外されており、従前どおり176条で処罰されることに注意を要する。

（エ）配偶者間においても不同意わいせつ罪、不同意性交等罪が成立しうることの明確化

　従来から成立しうるとの見解が多数説であったが、平成29年改正では見送ら

　的行為をしたこと自体で性犯罪が成立するものとする規定であることから、刑罰の謙抑性の観点から、双方の年齢が要件を満たすだけで、例外なく、およそ対等な関係があり得ず、有効に自由な意思決定をすることが困難であると言えるものであることが必要であると考えられます」

32　16歳未満はⅲ）の能力が不十分であるとする意見として齋藤委員（第9回議事録3頁）、小西委員（同10、12頁）、佐伯委員（同15頁）など。

33　小島委員（第9回議事録24頁以下）、筆者（同29頁）、山本委員（同34頁）。

34　5歳差がこのような趣旨であることについて部会第10回小西発言（第10回議事録27頁以下）。

35　部会第10回提示の要綱（骨子）試案では実質要件が入れられていたが、この点につき第12回部会で更に議論され、要綱（骨子）試案改訂版（部会第13回提示）では削除された。

36　齋藤委員（第4回議事録3、7頁）、小西委員（同5頁）。

れていた。否定的見解もあるため、令和5年改正で確認的に明文化したものである[37]。

（3）16歳未満の者に対する面会要求等罪（182条、新設）

年長者が性的行為をする目的で若年者を懐柔し、目的を果たす被害（いわゆる性的グルーミング）が社会的にも問題となっている。本罪は若年者が性被害に遭うのを防止するため、性被害に遭う危険性のない保護された状態（性的保護状態）を侵害する危険を生じさせたり、現に侵害したりする行為を新たに処罰することとしたものである[38]。対象年齢は性交同意年齢と平仄を合わせている（16歳未満。13歳以上16歳未満には年齢差要件あり[39]）。

本罪は、懐柔する行為、懐柔して性的行為を行う性的グルーミングそのものを処罰するものではない。マインドコントロールのような懐柔行為の構成要件化が難しいとして[40]、令和5年改正では実現しなかった。

（ア）対面で行われる性犯罪の防止（1項・2項）

わいせつ目的をもって不当な働きかけ（①威迫・偽計・誘惑、②拒まれたのに反復、③利益供与・その申込・約束）を行い面会を要求する行為が処罰されることとなった（1項）。更に、面会要求罪を犯した者が実際にわいせつ目的で面会する行為も加重類型として処罰される（2項）。

（イ）離れた状態で行われる性犯罪の防止（3項）

性的な姿態をとらせてその映像を送信させる行為が処罰されることとなった。

2　刑事訴訟法の改正

（1）公訴時効期間の見直し（250条3項・4項）

平成29年改正では見送られたが、性被害においては①被害者が自らの被害を「被害」と認識するのに時間が掛かること、②被害の性質上被害開示がしにくく被害が潜在化しやすいこと、③被害を開示しても司法機関に繋がるまでに時

37　齋藤法務大臣答弁（法務委員会会議録第17号）2023（令和5）年5月17日）発言9）。

38　松下政府参考人答弁（法務委員会会議録第17号）2023（令和5）年5月17日）発言27）。

39　同罪については18歳未満を保護すべき、5歳差要件は不要とする意見もあったが採用されなかった（筆者部会第11回議事録11頁以下、山本委員同9頁）。

40　佐伯委員（第11回議事録8頁）。

間が掛かるなどの被害者の置かれた実情への共通理解が進み、令和5年改正では公訴時効を延長する改正がされた。

　具体的には、性犯罪について一般的に公訴時効期間を5年延長する（3項）とともに、未成年時の被害については、事件から18歳までの期間を公訴時効期間に加える（4項）ことで、実質的に満18歳まで時効が停止しているのと同様に取り扱われるようになった。

　これにより例えば幼少期の不同意性交等罪の被害であって33歳（18歳＋15年）まで公訴時効は完成しないこととなる。

　被害者側としては、子ども時代の被害を40歳代になってようやく認識したり、開示したりできる事例もあることから、今回の改正ではまだ時効完成までの期間は短いと考えている。次の改正へ向けて、どのように事例を集積するかなどが課題である。

（2）被害者等の聴取結果を記録した録音・録画記録媒体への証拠能力の付与（321条の3）

（ア）諮問の背景

　諸外国では、若年被害者の精神的負担の軽減や供述特性（暗示、誘導されやすい、記憶の汚染を受けやすい、記憶が減退しやすいなど）を踏まえ、裁判外で事実確認のための面接を行い、その録画を刑事裁判の証拠として提出できる制度がある。日本でも、2015（平成27）年10月28日付最高検察庁刑事部長通知「警察及び児童相談所との更なる連携強化について」が発出されるなどして、検察、警察及び児童相談所による司法面接的な手法による代表者聴取とその録音録画の取り組みがなされてきたが、録音録画記録媒体は伝聞証拠であるため、伝聞例外（刑事訴訟法321条1項2号・3号）の厳しい要件を満たさない限り、刑事裁判への証拠提出が困難であった。

　被害者等の聴取結果を記録した録音・録画記録媒体に係る証拠能力の特則を新設することが諮問された（諮問第117号第2、2）のは、このような実情を背景としていると思料する。

（イ）議論経過と制度内容

　部会では、被害者である子どもや知的障害者からの司法面接を想定して、①供述者の反対尋問の要否、②聴取主体、③司法面接のプロトコルの要件化などが議論された。[41]

①について、被害者側からは、子どもの精神的負担や供述特性などを理由に、反対尋問の実施に慎重な意見や反対尋問を不要とする意見が述べられたが[42]、憲法37条2項の証人審問権の保障や伝聞法則の例外を認めるための必要性と信用性の状況的保障の観点から、反対尋問を要する[43]、逆に反対尋問を行うならば証拠能力を認めることも許容されるとする意見が強かった[44]。

　どのような要件で法廷外の録音録画に証拠能力を付与することができるか、細かい議論もされたが、要綱（試案）では、聴取主体（②）、対象年齢、被害罪名、対象者の地位（被害者以外の証人を含む）に限定がなく、また、③についても必要とされる措置として、抽象的に表現されたものが提示された[45]。試案に示された措置について裁判所や刑事弁護の立場から通常の事情聴取でも行われているものであるとの意見が述べられたが[46]、立案者からはこれらは様々なプロトコルの中核的要素を要件としており、そのような措置が供述者の特性に応じて講じられたことを明確にするため「特に採られた」と規定していると説明がされ[47]、そのまま改正法となった。

　改正法では、反対尋問が実施されることとなるが、子どもの場合、子どもの供述特性や精神的負担に配慮した質問がなされるとは限らず、尋問後の二次被害、精神状況の悪化が危惧される。また、極度の緊張の中、混乱した状態で供述する可能性もあり、法廷での供述が真実発見のためのベストエビデンスであるかも疑問である。③についても、これで適切な司法面接の実施が担保されるか心許ない。被害者支援の立場からは子どもの精神的負担や供述特性に配慮した供述録取や尋問のルールの検討、制度化が求められるとともに、今後の運用

41　資料18（第7回配布）参照。

42　小島委員（第5回議事録4頁、第7回同29頁）、齋藤委員（同4頁以下）、小西委員（同7頁以下）、山本委員（同14頁以下）、筆者（同15頁）。

43　金杉美和委員（第5回議事録10頁）、中川綾子委員（同11頁）、宮田委員（同14頁）、中川委員は弁護人の主張について確認が必要となった場合にも尋問ができないという点も指摘する。

44　川出敏裕委員（第5回議事録13頁）。

45　令和5年改正後の刑事訴訟法321条1項2号に掲げる措置。

46　金杉幹事（第11回議事録18頁）、中川委員（同21頁）。

47　浅沼雄介幹事（第11回議事録19頁）。

への注視や問題事例の把握も必要となろう。[48]

3 性的姿態撮影等処罰法の制定

デジタルタトゥーとも言われるように、ネット空間に広まった画像は、削除しても追いつかない。性的姿態の盗撮や盗撮画像の拡散は、自分の性的姿態の画像を気づかぬところで誰が見ているか分からないという恐怖と削除し切れない絶望を被害者に与え、被害は深刻である。従来盗撮を規制する法律はなく、各都道府県の条例で規制されていたが、条例であるため、撮影地により処罰されるかどうか、どのような罰則が適用されるかが異なる、撮影地が特定できないと処罰できないなどの問題点が指摘されていた。

（1）処罰規定

処罰規定として、撮影罪、提供罪、保管罪、送信罪、記録罪が創設された。保護法益は、性的自由、性的自己決定権であり、処罰根拠は自らの性的姿態を他の機会に他人に見られない自由の侵害である。

部会では、①撮影対象、②撮影態様・方法、③提供罪の対象画像、④撮影以外に処罰すべき行為、⑤処罰の対象行為などが議論された。

①については、航空会社の客室乗務員の盗撮や、スポーツ選手をユニフォームの上からことさら性的部位を強調して撮影、拡散する被害が深刻であることから、着衣の上から性的部位を強調して撮影した画像も対象とすべきとの意見が被害者側から出された。しかし、性的意図のない撮影行為と客観的に区別することが困難等の反対意見により採用されなかった。

②については、性的姿態の撮影を断り切れず、やむなく顔を写さないなど撮影対象者が特定されない態様ならばと撮影に応じさせられる被害実態があることから、被害者側からは、特定性を誤信させて撮影することも誤信類型の撮影罪に加えるべきとの意見が出された。しかし、処罰範囲が拡大しすぎるとの理由で採用されなかった。

③については、撮影、記録自体に性的自由、性的自己決定権の侵害がなかっ

---

48 司法面接の実施や尋問の実施について供述者に対する配慮を求める意見として齋藤委員（第5回議事録4頁以下、第7回議事録32頁）。

106 第1部 近年の被害者支援をめぐる動向

たとしても、当該撮影が撮影対象者の意思に反して第三者に提供されれば自らの性的姿態を他の機会に他人に見られない自由は侵害されることから、被害者側からは、提供罪の対象画像は、撮影罪の対象となりうる性的姿態の画像であれば足りるとすべきとの意見が出された。しかし、処罰範囲が拡大するとの意見により採用されず、撮影罪、記録罪に該当する行為によって撮影、記録された画像が対象とされた。

このように新法の構成要件については被害者側から見て不十分な点が残されている。

（2）盗撮画像等の没収・消去

従来、検察官が保管している押収物の中に性的画像が含まれていても、有罪判決による没収（付加刑。刑法19条1項3号犯罪生成物件）では原本しか没収できなかったところ、新法では、複写物も没収できることとなった（8条1項）。

また、有罪判決による没収では、余罪で起訴していない事案、公訴時効にかかり起訴できない事案に係るるものは没収できない。新法では、新たに検察官が行政手続によりデータの消去、押収物の廃棄を行うこと（10条）などができる制度を創設した。

4　施行後5年見直し

令和5年改正でも両院法務委員会の附帯決議が出され、適用運用にあたっての注意喚起や広報啓発研修、調査研究などの要望がされている。また、附則において施行5年後の見直し条項が規定されている（20条）。

Ⅳ　今後の課題と展望

2024（令和6）年7月13日をもって、処罰規定の施行から1年が経過した。犯罪統計によると、2024（令和6）年1〜7月の不同意性交等罪の認知件数は前年同時期に比較して約2.1倍、不同意わいせつ罪は約1.3倍と顕著に増加している。認知件数も前者が約2.7倍、後者が約1.5倍となっている。このことは、

49　警察庁「令和6年1〜7月犯罪統計」https://www.e-stat.go.jp/stat-search/files?tclass=

令和5年改正により、被害申告がしやすくなった、構成要件該当性を警察が判断しやすくなったなどの効果によるとすれば「処罰すべき事案を的確に処罰する」という改正趣旨の実現に向けた傾向として喜ばしい。この点については、今後、起訴件数、有罪件数の推移も含めて見守っていく必要があると思料する。

なお、新法の運用にあたっては、構成要件の解釈への誤解等から、被害者に対して二次被害を与えるような取調べ、弁護人からの対応がなされることが危惧される。被害者支援弁護士の立場から、改正法の趣旨に見合った被害届の受理、起訴、刑事裁判が行われるよう実践していく必要がある。

今回の改正は、暴行・脅迫要件の改正その他の平成29年改正の積み残しを前進させ、新しい処罰規定を設けるなど大きな成果を挙げたが、被害者側としては文中に指摘したような、更なる積み残し、新たな課題の論点もある。5年後見直しに向けて、改正法及び新法施行後の被害の実情や施行状況運用実態の検証も必要である。

000001220300&cycle=0（最終閲覧：2024年9月27日）

第10章　DV防止法の到達点
──2024年改正を踏まえて

松村　歌子

Ⅰ　本章のポイント

　ドメスティック・バイオレンス（以下「DV」という。）をはじめ、女性に対する暴力や差別は、歴史的に見ても根深い問題であり、公的・私的な領域にかかわりなく行われてきた。他人から振るわれれば、傷害罪が成立するような暴力であっても、親密な間柄にある者から振るわれれば、「法は家庭に入らず」といった理由で放置されてきたことは、社会的な認識の欠如を表している。女子差別撤廃条約などの国際的な取組みを受けて、女性に対する暴力や差別に関する問題が、日本で法的に取り上げられるようになったのは、比較的最近のことであり、古くて新しい問題であると言える。女性に対する暴力や差別の被害実態を明らかにすることで、これまで埋没してきた女性たちの被害経験を「見える化」していくこと、被害者の視点に立って、被害者が被害者としての地位や権利を正当に付与され、加害者が適切に処罰されること、そして被害者に適切な支援が提供される必要がある。女性に対する暴力については、単に、加害者の行動を非難するだけでなく、その背景にある社会的な要因や文化的な価値観を理解し、対策を講じることが重要であり、単なる個人の問題ではなく、男性支配の家族秩序や性別役割分担意識など、社会構造から生じる社会の問題として捉えるべきである。

　そして、暴力を受けても、様々な事情から逃げられない・逃げないという選択をする人もいる。被害者を暴力のない環境に逃がし、自立を支援する施策も必要だが、「逃げられない/逃げないDV」への対応としては、在宅しながら再加害を防ぐことが必要となる。加害者プログラムを司法の関与の下で受講させ

109

る仕組みを構築すること、被害者にも加害者にもならないようにするための予防教育を幼少時から受講させるといった取組みを行うことで、次世代が暴力の連鎖を断ち切るための意識を持つことが期待できるようになる。社会全体での意識改革と具体的な取組みが、女性に対する暴力の根絶に向けた大きな一歩となるだろう。

Ⅱ　DV防止法制定までの経緯

1979（昭和54）年に、国連総会において女子差別撤廃条約が採択され、同条約の実施に関する進捗状況を検討するために女子差別撤廃委員会が設置された。また、1993（平成5）年の国連「女性に対する暴力撤廃宣言」では、「女性に対する暴力」という概念を導入し、公的又は私的生活のいずれか起こるかを問わず、「肉体的、精神的、性的又は心理的損害又は苦痛が結果的に生じるかもしくは生じるであろう」ジェンダーに基づく暴力（gender-based violence）であると定義している。1995（平成7）年の第4回世界女性会議（北京）においても、社会的・文化的性別を示す概念として「ジェンダー」が使用され、女性・少女のあらゆる人権を促進、保護すること、女性・少女に対するあらゆる形態の暴力を阻止、撤廃するとして、独立の問題として提示したこと、リプロダクティブ・ヘルス/ライツ（RHR）が明記された。

このような流れを受けて、日本においても、女性のエンパワメント及び地位向上の促進、男女の平等な権利、機会及び資源へのアクセス、家族の責任の公平な分担と調和の取れた連携の必要性が謳われ、1999（平成11）年に男女共同参画基本法、2000（平成12）年にストーカー規制法と児童虐待防止法、2001（平成13）年に配偶者からの暴力の防止及び被害者の保護等に関する法律（いわ

1　内閣府男女共同参画局「女子差別撤廃条約全文」https://www.gender.go.jp/international/int_kaigi/int_teppai/joyaku.html（最終閲覧：2024年8月20日）、日本では1985（昭和60）年に効力を発生した。

2　内閣府男女共同参画局「女性に対する暴力の撤廃に関する宣言（仮訳）」https://www.gender.go.jp/kaigi/senmon/cyukan/sankou-5.html（最終閲覧：2024年8月20日）

3　内閣府男女共同参画局「第4回世界女性会議　北京宣言」https://www.gender.go.jp/international/int_standard/int_4th_beijing/index.html（最終閲覧：2024年8月20日）

110　第1部　近年の被害者支援をめぐる動向

ゆる DV 防止法）、2015（平成27）年の女性の職業生活における活躍の推進に関する法律（女性活躍推進法）、2023（令和 5 ）年の刑法改正（配偶者間において不同意性交等罪などが成立することが明確化）、2024（令和 6 ）年の困難な問題を抱える女性への支援に関する法律（女性支援新法）などにより、立法や改正を重ねながら、各種の政策が進んできた。

　DV は、家庭内など私的な空間で行われることが多いため、表面化しにくいという特徴があり、反復継続しエスカレートしていくなかで、被害が重大化していく。今なお、「家の恥だから相談できない」、「自分さえ我慢すれば」、「暴力をふるう原因を作った自分も悪い」など、被害者が相談しにくい状況は続いており[4]、より一層の啓発活動が必要だろう。かつては、夫婦間の身体的な暴力が、刑法上の傷害罪や暴行罪に該当したとしても、警察をはじめとする公権力は家庭の問題に長らく介入せず、「法は家庭に入らず」として、家族の自治的解決に委ねるべきとしてきたが、これらの行為や発言に対して「DV」と名付けられ、DV 防止法ができたことによって、暴力は許されないことというメッセージが発信され、社会の認知が高まり、社会構造の変革に向けた国家の意思が示されてきたと言える。

4　DV センターへの相談件数は2020（令和 2 ）年度で12万9491件と過去最高となり、2021（令和 3 ）年度で12万2478件、2022（令和 4 ）年度で12万2211件と、高水準で推移している。2020（令和 2 ）年 4 月から開設された「DV 相談プラス」の相談窓口に寄せられた電話相談、SNS 相談、メール相談の件数も加味すると、17-18万件になる（内閣府男女共同参画局「配偶者暴力相談支援センターにおける相談件数等（令和 4 年度分）」）(https://www.gender.go.jp/policy/no_violence/e-vaw/data/pdf/2022soudan.pdf)。しかし、内閣府『令和 6 年版　男女共同参画白書』（2024年）の 5 - 3 図によると、配偶者からの被害経験のある者のうち、誰かに相談した者の割合は、女性の約 4 割、男性の約 6 割はどこ（誰）にも相談していない。(https://www.gender.go.jp/about_danjo/whitepaper/r06/zentai/pdf/r06_11.pdf（最終閲覧：2024年 8 月20日))（内閣府『令和 6 年版　男女共同参画白書』（2024年） 5 - 3 図「配偶者からの被害経験のある者のうち誰かに相談した者の割合の推移」）(https://www.gender.go.jp/about_danjo/whitepaper/r06/zentai/pdf/r06_11.pdf（最終閲覧：2024年 8 月20日))

Ⅲ　DV 防止法の概要

　2001（平成13）年に、議員立法により成立した DV 防止法は、配偶者暴力相談支援センター（いわゆる DV センター[5]）の設置と保護命令制度を大きな柱とした、配偶者からの暴力の防止と被害者の保護を図ることを目的としている。都道府県（設置義務）や市町村（努力義務）の婦人相談所など適切な施設が DV センター機能を果たし、相談を受け、相談機関の紹介、カウンセリングの提供もしくは紹介、緊急時の安全確保・一時保護の提供もしくは紹介、自立生活の促進として支援の提供もしくは紹介、保護命令制度や一時保護施設の利用についての情報提供その他の援助を行っている。

1　女性に対する暴力

　DV 防止法前文では、DV 被害者の多くは経済的自立が困難な女性であり、女性の心身に有害な影響を与えることは、女性の人権侵害であるとともに、男女平等の実現を阻害すると述べている。しかし、DV が「女性に対する暴力」であると明記するものの、法の規定は性中立的であるべきとして、「配偶者からの暴力」に対象を限定し、夫と妻のどちらもが加害者にも被害者にもなりうるという立場を取っている。

2　「配偶者からの暴力」の定義

　DV の定義について、日本では、「配偶者や恋人など親密な関係にある、又はあった者から振るわれる暴力」という意味で用いられることが多い。「配偶者からの暴力」とは、配偶者からの身体に対する暴力（身体に対する不法な攻撃であって生命又は身体に危害を及ぼすものをいう）又はこれに準ずる心身に有害な

5　内閣府『令和 6 年版　男女共同参画白書』（2024年）の 5 - 4 図によると、DV センターの設置数について、制定当初の2002（平成14）年度は102ヶ所であったが、2023（令和 5 ）年度で313ヶ所と（うち市町村が設置する施設は140ヶ所）と増加傾向にある。https://www.gender.go.jp/about_danjo/whitepaper/r06/zentai/pdf/r06_11.pdf（最終閲覧：2024年 8 月20日）

112　第 1 部　近年の被害者支援をめぐる動向

影響を及ぼす言動をいう（同1条）。「暴力」は、身体的な暴力だけでなく、心理的、性的、経済的、社会的なものなど様々な形で複雑に重なり合っている。DVは、外部からの発見・介入が困難な家庭内で行われることが多いため、潜在化しやすく、周囲も気づかないうちに暴力がエスカレートし、被害者は身体にも心にも大きな傷を負う。また、「配偶者」には、元配偶者や、婚姻の届け出をしていないいわゆる「事実婚」も含む。また、2013（平成25）年改正DV防止法より、生活の本拠を共にする交際相手からの暴力についても準用されることとなったが（同28条の2）、同居していないカップル間のDVは依然としてストーカー規制法の対象となるなど、関係性によって適用となる法律が異なる。

　DV防止法では、暴力の定義は幅広く規定するものの、地方裁判所が発令する保護命令（接近禁止命令・退去命令）の対象となる行為については、殴る・蹴るといった身体に対する暴力又は生命等に対する脅迫に限っていた。しかし、DV相談プラス[6]等への相談の内容は、「精神的DV」67.3％、次いで、「こころのこと」35.1％、「身体的DV」29.1％となっており（複数選択）[7]、各種団体から精神的暴力を保護命令の対象に含めるべきであるとの要望書が上がっていた[8]。そこで、2024（令和6）年4月施行のDV防止法の改正で、保護命令の対

6　DV相談プラスとは、DVの増加・深刻化への懸念を踏まえ、2020年4月から内閣府が始めたDV相談事業のことであり、24時間対応の全国無料相談を実施し、必要に応じて、最寄りの支援団体につなぐことで、同行支援や保護、緊急の宿泊提供を行っている。電話・メールは24時間、チャット（SNS）相談は12:00-22:00の受付となっているほか、DV相談ナビ（#8008（はればれ））に電話をすれば最寄りのDVセンターにつながる。外国語相談（SNS相談）にも24時間受付けており、英語、中国語、韓国語、スペイン語、ポルトガル語、タガログ語（フィリピン）、タイ語、ベトナム語、インドネシア語、ネパール語の10言語に対応している。（https://soudanplus.jp/（最終閲覧：2024年10月29日））

7　内閣府「令和5年度DV相談プラス事業における相談支援の分析に係る調査研究事業」報告書（2024年3月）の2-4.DV相談プラスの相談内容の傾向より（https://www.gender.go.jp/policy/no_violence/e-vaw/chousa/pdf/r05_dvplus.pdf（最終閲覧：2024年9月30日））

8　NPO法人全国女性シェルターネット「DV対策の改善についての要望書」（2019年4月12日）（https://nwsnet.or.jp/images/PDF/2.2.0PDF/20190412.pdf）、日本弁護士連合会「配偶者からの暴力の防止及び被害者の保護等に関する法律の改正を求める意見書」（2020年10月20日）（https://www.nichibenren.or.jp/document/opinion/year/2020/201020.html）、日本臨床心理士会「DV防止法改正に向けての要望書」（2003年5月）（https://www.jsccp.jp/sug

象となる暴力の定義が、「身体に対する暴力又は生命、身体、自由、名誉若しくは財産に対し害を加える旨を告知してする脅迫」に拡張され、相談内容の6割以上を占めていた言葉や態度で相手を追い詰める精神的暴力も保護命令の対象となった（同10条）。

3　保護命令制度

　保護命令制度は、接近禁止命令と退去命令の2つに大別できる。配偶者から身体に対する暴力又は生命、身体に対する脅迫を受けた被害者が、更なる身体に対する暴力により、身体に重大な危害を受けるおそれが大きいときは、地方裁判所に申し立てることで、裁判所は、配偶者に対して、1年の接近禁止命令（被害者又は被害者の子・親族に対するもの、2024（令和6）年改正DV防止法により6か月から伸長）と電話等禁止命令[9]、原則として2か月の退去命令（2024（令和6）年改正DV防止法により、住居の所有者又は賃借人が被害者のみである場合には6か月）を発令することができる（同10条・10条の2）。保護命令の申立てをするためには、原則として、DVセンターか警察で被害相談をしている必要がある。保護命令の発令件数は、2014（平成26）年の2528件が最も多く、2021（令和3）年では1335件、2022（令和4）年では1111件と減少傾向にある[10]。

　保護命令違反に対しては、刑事罰として、2年以下の懲役又は200万円以下[11]

---

gestion/sug/pdf/tei_200305_DV_H15.pdf（すべて最終閲覧：2024年9月30日）

9　電話等禁止命令の対象行為は、監視の告知等、著しく粗野乱暴な言動、無言電話、緊急時以外の連続した電話・FAX・メール・SNS等送信、緊急時以外の深夜早朝の電話・FAX、汚物等の送付、名誉を害する告知等、性的羞恥心を害する事項の告知等、位置情報の無承諾取得等となっている。（内閣府リーフレット「配偶者暴力防止法に基づく保護命令制度が新しくなります」より）https://www.gender.go.jp/policy/no_violence/e-vaw/keihatsu/pdf/pamphlet_01.pdf（最終閲覧：2024年8月20日）

10　内閣府『令和6年版　男女共同参画白書』（2024年）の5-6図によると、保護命令の申立て件数、発令件数ともに減少傾向にある。https://www.gender.go.jp/about_danjo/whitepaper/r06/zentai/pdf/r06_11.pdf（最終閲覧：2024年8月20日）

11　2022（令和2）年6月13日の刑法改正により、懲役刑と禁錮刑は、2025（令和7）年6月1日より、拘禁刑に一本化される。1907（明治40）年に制定されて以来初めての刑罰の種類の変更となった。懲役刑は、犯罪者を刑務所に収容して労務作業（木工、印刷、洋裁など）を強制的に行わせる刑罰であるのに対して、禁錮刑は、刑務所に収容する刑罰ではあるが、労務作業の義務はない。これから創設される拘禁刑は、犯罪者を刑務所や少年刑務所に収

の罰金が科される（同29条、2024（令和6）年改正DV防止法により、1年以下の懲役又は100万円以下の罰金から罰則が強化された）。なお、保護命令違反による検挙件数は、2012（平成24）年の121件が最も多く、2021（令和3）年で69件、2022（令和4）年で46件、と減少傾向にある。[12]

Ⅳ　DV防止法の課題と展望

1　DV防止法の意義と課題

　DV防止法制定の意義は、「法は家庭に入らず」原則を打破したこと、前文でDVが女性に対する暴力であり、女性に対する人権侵害であることを明確にしたこと、前文でDVが「犯罪となる行為を含む」と宣言したことであるとされる。[13]配偶者からの暴力を防止し、その予防と被害回復のための取組みを推進し、暴力の根絶を図ることは、男女共同参画社会を形成していくうえで、克服すべき重要な課題であり、国としての責務であることが明記されたことで（同2条）、基本方針の策定（同2条の2）、地方公共団体による基本計画の策定（同2条の3）など、各種の施策とつながっていった。

　とはいえ、DV防止法の制定によって、DVは「配偶者からの身体的暴力」であるという枠づけがされてしまったともいえる。DV自体は広く定義づけしたものの（同法1条）、保護命令の対象を身体的暴力等に限定していたことに対してはずっと課題とされてきた。2024（令和6）年改正DV防止法で、保護命令の対象が精神的暴力まで拡大されたものの、精神的暴力の証拠を十分に集め

容・拘束する自由刑であって、個々の受刑者の特性に応じて、作業と指導・教育を柔軟に組み合わせた処遇を実施することが可能になり、より効果的かつ迅速な改善更生を図ることが期待されている。「法務大臣閣議後記者会見の概要」（https://www.moj.go.jp/hisho/kouhou/hisho08_00518.html）、「法務省矯正局説明資料」（https://www.mlit.go.jp/jutakukentiku/house/content/001750242.pdf（すべて最終閲覧：2024年9月30日））

12　法務省・法務総合研究所編『令和5年版　犯罪白書』（2023年）第4編第6章第2節「配偶者からの暴力に係る犯罪」https://hakusyo1.moj.go.jp/jp/70/nfm/n70_2_4_6_2_0.html#h4-6-2-1（最終閲覧：2024年8月20日）

13　戒能民江「DV防止法制定から改正へ——その意義と課題」国際女性 No. 19（2005年）https://www.jstage.jst.go.jp/article/kokusaijosei1988/19/19/19_19_76/_pdf/-char/ja（最終閲覧：2024年8月20日）

第10章　DV防止法の到達点　115

られない場合は保護命令を活用できないことが懸念されている。

　また、「配偶者からの暴力」と限定したことで、同居していないカップルなど、配偶者関係に当てはまらない者は、ストーカー規制法やその他の関係法令を活用するしかなくなった。生活の本拠を共にする交際関係にまで適用範囲を拡大する改正が2013年になされたものの（同法28条の2）、生活の本拠が異なる場合には同法の適用外となってしまう。

　そして、保護命令の申立てから発令までに2週間前後を要するという実態は、施行以来、ほとんど変わっていない[14]。これは、相手方の適正手続を保障するため、つまり、保護命令の申立てに対して、相手方が裁判所で反論する機会を確保するために、公判期日の設定に日数がかかるからである。口頭弁論又は相手方が立ち会うことができる審尋の期日を経ることにより保護命令の申立ての目的を達することができない事情があるときは、つまり差し迫った危険があるなど、緊急の場合には、審尋を経ずに保護命令を発令できるなど、無審尋での保護命令の発令も可能だが（同法14条1項但書）、例年20-30件程度と極めて例外的な事案でしか利用されていない[15]。そのため、保護命令が正式に発令されるまでの間、申立人の安全を確保するための緊急保護命令制度の導入が求められている。保護命令が発令されるまでの期間の長さから、被害者が保護命令の申立てを躊躇することも多く、実際に、保護命令の申立件数は低迷している。しかし、DV被害が減少していることを意味するわけでは決してない。それは、警察やDVセンターへの相談件数の増加をみれば明確であるし、むしろ2020（令和2）年4月以降、内閣府のDV相談プラス（全国無料相談）が開設され、

14　保護命令事件の平均審理期間は、内閣府男女共同参画局「STOP THE 暴力（平成28年改訂版）」によると、2001（平成13）年～2016（平成28）年で12.8日（https://www.center-mie.or.jp/frente/panel/stoptheboryoku28.pdf）、最高裁判所「配偶者暴力に係る保護命令事件の処理状況等について」によると、2010（平成22）年～2019（令和元）年で平均12.7日間となっている。（https://www.mofa.go.jp/mofaj/files/100236484.pdf）（すべて最終閲覧：2024年9月30日）

15　日本弁護士連合会「国連女性差別撤廃委員会　総括所見の活かし方と今後の課題～第7回及び第8回報告書審査を踏まえて」の22項、23項「女性に対する暴力」（https://www.nichibenren.or.jp/library/pdf/jfba_info/publication/pamphlet/pam_04_170418.pdf（最終閲覧：2024年9月30日））

従来の来所や電話での相談に加えて、メールや SNS での相談手法を増やしたことで、若年層の DV 相談が増えるなど、相談件数は増加している。

したがって、保護命令制度も当事者のニーズに合ったものに変えていく必要がある。つまり、アメリカやニュージーランド、台湾などで実施されているように、保護命令が正式に発令されるまでの安全を確保する緊急保護命令、同居しながらでも暴力を禁止する命令、被害者が家に住み続けることができる保護命令、加害者プログラムの受講命令、生活費や車・家のローンなどの支払い命令など、当事者のニーズに合わせた保護命令になるよう、種類や保護の対象や内容、期間を検討できることが望ましい。

また、保護命令が発令されている期間中は安全であったとしても、期間経過後も長期にわたって、ストーカー化した加害者から身を守るのは非常に困難であろう。再度の申立ても制度上は可能だが（同法18条）、生命・身体への再度の危害が加えられる恐れが立証できなければ認容されにくいとされる。[16]加害者への働きかけも、逮捕時に警察による説示程度しかなされておらず、結局のところ、被害者は、住所を秘匿して加害者から逃げるという選択をすることを迫られてしまう。

2　被害者施策のこれから

当事者が親密な間柄にある「家族」である場合、加害者に経済的に依存している場合もあるし、子どもと父親を引き離すことに躊躇する人も多く、暴力的言動さえなくなれば加害者と共に暮らしたいという思いをもつ者もいるだろう。DV 被害者は、加害者の下から逃げたとしても、子どもの将来のことやその後の生活のことから、結局元に戻ってしまうこともある。そうなれば、加害者からの支配的な言動や束縛が更に強まることは容易に想像できることであり、より逃げにくい状況に置かれるだろう。「逃げたら何をされるか分からない」という恐怖感、「誰も助けてくれない」、「追いかけてくるから、逃げても無駄」といった無力感、「束縛するのは愛されているから」、「いつか変わって

16　東京地方裁判所「保護命令の再度の申立てについて Q＆A（令和 4 年 1 月）」（https://www.courts.go.jp/tokyo/vc-files/tokyo/2022/min9/202201DVsaidomousitateQA.pdf（最終閲覧：2024年 9 月30日））

くれるかも」などの複雑な思いもある上に、離婚に伴う法的手続を通じて加害者との関係性が続くため、加害者とは簡単に離れられない実情がある。被害者の生命・身体の安全を確保した上で、被害者の自己決定を尊重し、被害者のニーズに合わせた支援を提供する必要がある。DV のおそれや子への虐待のおそれがあるケースでは、単独親権としなければならないとされているが、果たして DV の判断は適正になされるのか、親子の交流の取決めに子どもの意思は十分に反映されるのか。2024（令和 6）年 5 月に成立した民法改正[17]により、父母の離婚等に直面する子の利益を確保するため、子の養育に関する父母の責務を明確化するとともに、親権・監護、養育費、親子の交流、養子縁組、財産分与等の見直しがなされ、2026（令和 8）年 5 月までの施行が予定されている[18]。DV 関係にある夫婦が離婚後に共同親権を選択した場合、子の養育を通じて、DV による支配が離婚後も継続することになりかねないことが危惧されている。

　DV の問題には、「男は仕事、女は家事」といった性別役割分担意識、「暴力を振るわれるようなことをした方にも原因がある」、「家の恥を外に出すべきでない」といった社会通念や、男女の経済的格差や女性が経済的に自立することが難しい状況などがあり、個人の問題として片付けられないような社会構造の問題も大きく関係している。つまり、子育てや介護などの無償労働（アンペイド・ワーク）に従事するのは女性が圧倒的に多く、収入が得にくい状況にあること、正社員の男女賃金格差も縮小傾向にはあるものの、75.2% とまだ大きい[19]。男女間の賃金格差には、職種や年齢など「説明できる格差」以上に、社会の意識（ジェンダー規範）や、労働生産性に関して女性を低く評価してしまう無意識の偏見や慣習など、「説明できない格差」が影響していることが想定されるといい[20]、社会意識の変革も必要となる。

17　「民法等の一部を改正する法律（令和 6 年法律第33号）」
18　法務省「民法等の一部を改正する法律（父母の離婚後等の子の養育に関する見直し）について」https://www.moj.go.jp/MINJI/minji07_00357.html（最終閲覧：2024年 8 月20日）
19　内閣府男女共同参画局「男女賃金格差の現状」（https://www.gender.go.jp/research/weekly_data/07.html）（最終閲覧：2024年 9 月30日）
20　東京新聞 web 版「女性の賃金は男性より 3 割安く、半分は「説明できない格差」政府の集計からは「偏見」が見えてこない」（2024年 3 月 8 日）（https://www.tokyo-np.co.jp/article/313743（最終閲覧：2024年 9 月30日））

そして、被害者施策は、①直接の被害者支援、②予防教育、③加害者への働きかけの３つの柱で行っていく必要があるだろう。①は、被害者への相談対応、カウンセリングなどの心理的支援や法的支援や、住居や就業などの自立支援といった直接の支援であり、②は、被害者にも加害者にもしないために、幼少期からのジェンダー平等教育を通じて、DV の理解を深め、暴力の影響を知り、暴力を用いない問題解決の手法を学ぶこと、女性全体のエンパワメントを図り、女性の活躍を促進する施策の推進、社会意識の変革のための活動である。そして、③は、再加害を防止するための加害者への働きかけである。加害者が変わらなければ、被害者をストーキングして危害を加えるかもしれない。DV の一つひとつの行為は刑罰法規を適用するほどのものでないとしても、反復継続していくうちに行為がエスカレートすることにより、被害者の心身に重大な影響を与えることも少なくない。個々の具体的な行為を切り取って個々に処罰するのではなく、被害者に及ぼす長期的な影響を踏まえて、全体の行為として暴力を捉え直す必要がある。重大な結果が生じる前に、加害者への働きかけが必要である。DV は、相手をコントロールしようとして、手段として暴力を用いるものであり、目的的な行動といえる。加害者は、暴力防止プログラムを受講し、自身の行動の根本にどのような価値観があったのかを振り返ることで、行動変容を促し、説明責任を果たし、被害者の安全を図り、再加害を減らしていくことが重要である。このようなプログラムへの参加は、司法の関与のもと、履行を確保していくことが望ましい。

　また、現行法では、地方裁判所が保護命令（接近禁止命令と退去命令）を発令し、離婚や養育費、面会交流の問題は家庭裁判所が取り扱っている。「DV 罪」がない日本では、加害者の責任は保護命令違反のときに問えるに過ぎず、加害者への対応が不十分である。家庭裁判所が、保護命令の一環としてプログラムの受講を命ずるか、「DV 罪」を創設し、DV 罪に該当する者に対してプログラム受講を命ずるといった方法も考えられるが、DV 事件においては、過去への制裁という刑事事件の対応よりも、後見的・継続的に関わる家庭裁判所的な対応が期待されている。DV 事件、保護命令の発令等は家庭裁判所に移管する、重大な刑事事件に発展した場合は地方裁判所に送致することで対応ができないだろうか。刑罰法令の適正な運用や厳罰化するだけでは、逮捕するほどで

はないと判断された加害者や、被害者の希望で逮捕に至らなかった加害者は、多少の暴力をふるっても捕まらないという「お墨付き」を与えることになりかねない。DVは社会の問題である。今なお私的な問題に矮小化し、DVの危険性を過小評価するべきではない。重大な刑事事件に発展する可能性も踏まえて、早めに加害者にプログラム受講を課し、行動変容を促すことが望ましい。

「逃げられない/逃げないDV」対応として、精神的なサポートを充実させ、本人の自己決定能力を高めることや、被害者が逃げることなく安全を確保できる制度設計や、再加害を減らす取組みが必要である[21]。日本でも加害者プログラムの実施団体も増えてきたが、任意参加の現状では、プログラムが本当に必要な者にアプローチできず、自身の暴力的言動を振り返る機会がない。重大な刑事事件化の防止、早期対応の視点からも、刑事施設内よりも社会内で加害者プログラムを受講させる方が効果的だし、幼少からの予防教育も必要であろう。DVの問題は、配偶者・カップル間の暴力の問題に矮小化して考えるのではなく、広く社会構造の問題として捉え、裁判所だけでなく、地域社会も含め、社会の問題として取り組んでいく必要がある。男女が社会の対等なパートナーとして様々な分野で活躍するためには、親密な間柄や家庭という密室で起きるDVをなくし、暴力不寛容の姿勢を社会に定着させていく必要がある。

---

21 男女共同参画会議　女性に対する暴力に関する専門調査会報告書「DV対策の今後の在り方」（2021年3月）https://www.moj.go.jp/content/001347784.pdf（最終閲覧：2024年8月20日）

第2部　被害者支援の理論と展望

第1章	犯罪被害者給付金制度における家族像

——遺族給付金の支給対象をめぐる最高裁判決を手がかりに

立石　直子

　2004（平成16）年に成立した犯罪被害者等基本法（平成16年法律第161号）では、国・地方公共団体が講ずべき基本的施策の一つとして、給付金の支給にかかる制度の充実が定められている（同法13条）。犯罪による精神的および経済的な打撃を軽減するために国から支給される給付金制度は、加害者による賠償が実現しにくい現状のなかで、犯罪被害者にとって不可欠な制度であり、犯罪被害者支援制度の中核を担っている。本章では、同性パートナーを犯罪被害者等給付金の支給対象と認めた2024（令和6）年3月26日の最高裁判決を手がかりに、被害者遺族にとっての給付金制度の意義をあらためて確認したいと思う。

I　犯罪被害者の実態と犯罪被害者給付金制度

1　犯罪被害者の実態
　犯罪被害者の実態を知るためには、警察庁の『犯罪統計資料』・『犯罪被害者

1　本章では、犯罪被害者について、犯罪被害者等基本法2条の「犯罪被害者等」の定義、「犯罪等により害を被った者及びその家族又は遺族」として述べていきたい。なお、被害者の定義については、日本被害者学会設立の趣旨を述べる文書（http://www.victimology.jp/syushi.pdf（閲覧：2024年10月1日））においても、「もとより、学会設立に当たっては、被害者学の領域と被害者の定義について共通理解を得ておかなければなりませんが、この点については国際的にも、なお意思統一がなされておらず、私共が現段階でそれらを整理し、正確かつ簡潔な言葉で表すことには、問題があろうかと思われます。もっとも、コンセンサスが得られていないと言うことは、被害者学が今なお発展途上にあることを意味している訳でありまして、私共は、これらの基本的課題を議論することも、また学会の重要な任務と考え」ると示されており、被害者をどのように捉えるかもまた、被害者学における重要な課題であることが窺える。

白書』や法務省法務総合研究所の『犯罪白書』などから、犯罪被害の数量的な実態を把握することが可能である。しかしながら、犯罪被害者本人や遺族の抱える心情や被害を受けた後の生活上の変化など、真の意味での被害者の実態を知るためには、きめ細やかな項目の設定や面接調査などの質的調査が重要となる[2]。1993（平成5）年から1994（平成6）年にかけて犯罪被害実態調査研究会によって実施された複数の調査は、このような調査報告の先駆けであるといえる[3]。約1000人の犯罪被害関係者と300人を超える刑事司法分野の実務家を対象としたアンケートや面接調査による報告であり、とくに被害者の回復過程をとらえた点は高く評価されている。

　そのほか、法務省法務総合研究所においても、研究部の報告として犯罪被害者に焦点をあてた研究報告が複数出されている。2000（平成12）年に公表された同研究所による調査報告[4]では、被害者への損害賠償の前提として、犯罪被害者が犯罪による直接的な被害に加えて、さまざまな精神的影響および生活面への影響を被っていることがわかる。とくに、犯罪被害者遺族の80％以上において、多様かつ深刻な精神的影響および生活面での影響を受けていた。また、被害者等への謝罪、示談等については、罪状にもよるが、行われる比率が決して高くない。とりわけ殺人罪では、示談の成立割合が10％とかなり低い。示談金、賠償金、慰謝料などの名目を問わず、被害者への支払いをしているのは、資力不足のためか、加害者本人からの割合は12％にとどまり、約4割が加害者の親族による支払いである。生命保険や傷害保険など、各種保険による保険金についても、受領していない被害者が半数を超えており、受けたとする者のうち約4割は、支払額が損害補填に十分でなかったと答えている。とくに生命・身体犯では、事件による精神的影響や生活面での影響および謝罪・賠償金の受領状況が深刻であることがわかる。

　近年のデータとして、東京都において2019（令和元）年に実施された「犯罪

2　犯罪被害者に関する調査研究について、長井進『犯罪被害者の心理と支援』（ナカニシヤ出版、2004年）6頁ほか。
3　詳細は、宮澤浩一他編著『犯罪被害者の研究』（成文堂、1996年）にまとめられている。
4　法務総合研究所「法務総合研究所研究部報告7─犯罪被害の実態に関する調査─」（2000年）18頁以下。

被害者等の実態に関する調査」が公表されている[5]。ここでは、被害に遭ったことがきっかけで生じた生活上の変化として、「医療費、交通費、裁判費用の支出が増え、負担が生じた」の項目で「あてはまる」「ややあてはまる」と答えた回答者は75.0%である。また、「仕事をやめた」の項目では35.7%の人が、「仕事をしばらく休んだ（休職）」の項目でも51.8%の人が、「あてはまる」「ややあてはまる」と回答している。「収入が減り、生活が苦しくなった」の項目についても、57.1%の人が「あてはまる」「ややあてはまる」としている。被害者がこれらの経済的な変化（つまり悪い影響）を肯定する割合は他の項目に比べて極めて高く、犯罪被害後の生活上の変化として、高い割合で経済的な問題を抱えることが明白である。

　また、直近の調査として、警察庁による「令和5年度犯罪被害類型別等調査」があるが、加害者による損害賠償状況の項目においては、事件と関連して受領した給付、支給、賠償について、犯罪被害者等全体では79.9%が「いずれも受けていない」と回答している。「加害者からの賠償」については、全体で3.1%と極めて低い数字である。上記のように、犯罪被害者本人および遺族が、被害による生活上の変化として経済的な問題を多く挙げていることを考えると、公的な給付制度、加害者による賠償、各種保険を含め、その問題を解決するには十分でない状況であるといえる。

2　犯罪被害者給付金制度

　このような犯罪被害者の抱える経済的な困難への補償として、犯罪被害者給付金制度（以下「犯給制度」とする。）がある。諸外国においても犯罪被害者等に対する補償、給付、立替えなどの制度が存在するが[6]、日本の犯給制度は、1980（昭和55）年5月1日に制定された犯罪被害者等給付金の支給等による犯

5　東京都「犯罪被害者等の実態に関する調査」https://www.soumu.metro.tokyo.lg.jp/10jin ken/base/upload/pdf/CV_R1investigationReport.pdf（最終閲覧：2024年10月1日）

6　それぞれの国において制度趣旨や財源、給付内容は異なる。たとえば財源について、アメリカや韓国においては、罰金等が財源とされており税金は投入されていないが、日本やイギリス、ドイツでは国家の一般財源による。また、給付内容も、葬儀費用、引っ越し費用などが給付される国もあり、日本のように、遺族給付、重傷病給付、障害給付に限定されない。

124　第2部　被害者支援の理論と展望

罪被害者等の支援に関する法律（以下「犯給法」とする。）にもとづき、制度化された。その背景には、1974（昭和49）年に発生した過激派集団による無差別爆破事件（三菱重工ビル爆破事件）を機に、このような爆破事件やいわゆる通り魔殺人の被害者等が実質的にはほとんど救済されないという実情に対し、国による被害者の救済の制度を求める世論が高まったことにある。このような経緯から、犯給制度は、「通り魔殺人等の故意の犯罪行為により不慮の死を遂げた被害者の遺族又は重傷病を負い若しくは障害が残った犯罪被害者に対し、社会の連帯共助の精神に基づき、犯罪被害等を早期に軽減するとともに、犯罪被害者等が再び平穏な生活を営むことができるよう支援するため、犯罪被害者等給付金を支給するもの」と説明されてきた。[7]

　1981（昭和56）年1月から運用が開始され、警察庁によると、2023（令和5）年度の遺族給付金として、143件、計約10億1000万円が支給されている（犯給制度の概要や現在に至るまでの法改正の経緯については、本書第1部第6章に譲りたい。）。

Ⅱ　犯罪被害者給付金をめぐる裁判

　犯給法の下で、犯罪被害者の同性のパートナーが遺族給付金を受給できるかについて争われた裁判において、2024（令和6）年3月26日、最高裁は初めて判断を下した。

　事実の概要は、以下のとおりである。上告人男性Xと20年以上にわたり生活を共にしてきた同性のパートナーAは、2014（平成26）年12月、Bにより殺害された。Xは、自分は犯給法5条1項1号に定める「犯罪被害者の配偶者（婚姻の届出をしていないが、事実上婚姻関係と同様の事情にあつた者を含む。）」に当たると考え、同法4条1号所定の遺族給付金支給の対象であるとして遺族給付金支給の裁定を申請した。ところが、愛知県公安委員会は、XとAが同性同士であることを理由に、同法5条1項所定の遺族には該当しないとして、遺族給付

7　国家公安委員会・警察庁編『犯罪被害者白書』（各年版）における犯罪被害者給付制度の説明ほか、各自治体の犯罪被害給付制度の説明においてこのような表現が使われている。

第1章　犯罪被害者給付金制度における家族像　125

金を支給しない旨の裁定を行った。2018（平成30）年、Xはこの裁定の取消しを求めて県を提訴した。

2020（令和2）年、第一審の名古屋地裁判決[8]では、「同性間の共同生活関係が婚姻関係と同視し得るものであるとの社会通念が形成されていたとはいえず」、同性パートナーは「事実上婚姻関係と同様の事情にあった者」には該当しない、として請求は棄却された。第二審の名古屋高裁[9]は、同法5条1項1号は、民法上の概念を用いて定められていることから、「婚姻の届出をすることができる関係であることが前提となっている」として、同性カップルはここで定める関係には当たらないと判断した。高裁では、犯罪被害者等給付金の支給対象をどう定めるかは立法府の裁量にゆだねられており、同性間の共同生活関係を、異性婚関係と同視する社会的意識が醸成されれば、立法府の裁量権の逸脱とされる可能性があることを指摘しつつも、現時点では、同性間の共同生活関係を異性間の共同生活関係と同視すべき社会的な意識は醸成されていないとして、憲法14条に違反すると認めることはできないと判断した。

2024（令和6）年3月26日、最高裁判所第三小法廷は、原審判決を破棄し、原審に差し戻した。多数意見では、「犯罪被害者等給付金の支給制度は、犯罪行為により不慮の死を遂げた者の遺族等の精神的、経済的打撃を早期に軽減するなどし、もって犯罪被害等を受けた者の権利利益の保護が図られる社会の実現に寄与することを目的とするものであり、同制度を充実させることが犯罪被害者等基本法による基本的施策の一つとされていること等にも照らせば、犯給法5条1項1号の解釈に当たっては、同制度の上記目的を十分に踏まえる必要がある」と述べ、「犯罪被害者と同性の者であることのみをもって『婚姻の届出をしていないが、事実上婚姻関係と同様の事情にあつた者』に該当しないものとすることは、犯罪被害者等給付金の支給制度の目的を踏まえて遺族給付金の支給を受けることができる遺族を規定した犯給法5条1項1号括弧書きの趣旨に照らして相当でない」とした。結果的に上告人Xは、同法同条の「婚姻の届出をしていないが、事実上婚姻関係と同様の事情にあつた者」に該当し得る

8　名古屋地判令和2・6・4判タ1482号131頁。
9　名古屋高判令和4・8・26判タ1506号48頁。

126　第2部　被害者支援の理論と展望

と判断されたのである。

　本判決を犯罪被害者支援の視点からみたとき、最高裁が、犯給法の立法趣旨を十分踏まえて判断をしている点について高く評価できる。パートナーを犯罪被害で失うことによる精神的および経済的打撃は、同性カップルでも事実婚カップルでも、婚姻届による法律婚夫婦と何ら変わりはないのである。同法は、犯罪被害者とその遺族の権利利益の保護を目的としている。犯罪被害者は、突然に悲惨な状況に置かれた社会的弱者であり、支援を必要とする存在である。だからこそ同法は、民法上の婚姻夫婦に限らず、「事実上婚姻関係と同様の事情にあった者」という文言を括弧書きにして加え、事実婚配偶者にまで支給の対象を広げている。それは実態として婚姻関係と同様にある事実婚配偶者の困難に寄り添う趣旨であり、給付金などの支給対象を同様の文言で規定する法律は、他にも200以上存在する。この文言で規定する法のカテゴリーは、国民年金法、健康保険法ほか、社会保障法の分野に多く、家族の実態を踏まえ、支援や救済を必要とする者を広く捉える趣旨である。[10]

Ⅲ　自治体における見舞金制度等

　犯罪被害者等基本法5条には、地方公共団体の責務が定められている。本条の下、犯罪被害者等支援にかかる基本条例策定の動きが進んでいるが、ここでは、地方公共団体における見舞金制度、貸付金制度導入の実態について確認してみたい。警察庁の2023（令和5）年4月1日段階の資料[11]によると、独自に見舞金制度をもつのは16都県、市区町村の見舞金支給に補助をしているのが4県となっている。また、貸付金制度を有するのは3県にとどまる。市町村区が見舞金制度を導入済みである割合は、地域によって大きく違う。政令都市で見舞金

10　民法学でいう内縁保護法理や、社会保障給付の受給を目的とした離婚の届出の有効性について、裁判所が形式的意思説にもとづいて有効だと判断していることも同じ趣旨であろう。最判昭和57・3・26判時1041号66頁参照。

11　警察庁の犯罪被害者等施策に関する資料を参考にした。警察庁「地方公共団体における条例の制定及び計画等の策定状況」、「地方公共団体における犯罪被害者等施策に関する取組状況」https://www.npa.go.jp/hanzaihigai/local/jourei.html（最終閲覧：2024年10月16日）、https://www.npa.go.jp/hanzaihigai/local/toukei.html（最終閲覧：2024年10月16日）

制度を有するのは13市で、政令都市全体の7割を超える状況である。見舞金の額については、被害者死亡につき5～60万円（30万円とする自治体が多い）、傷害につき2～30万円（10万円とする自治体が多い）となっている。合わせて、公営住宅等への入居について配慮する自治体もみられる（第1部第7章も参照されたい）。

　このように自治体が独自の犯罪被害者見舞金制度をもつ動きが進むなか、見舞金の支給対象となる遺族としての配偶者に、同性パートナーは含まれるのだろうか。2015（平成27）年以降、全国的に広がる自治体のパートナーシップ制度は、その対象の範囲も、パートナーシップを利用する効果についても、自治体間で大きく異なる。[12]犯罪被害者等見舞金をもうける自治体においては、遺族見舞金の対象者として、一般に「犯罪行為により亡くなられた方の遺族」と説明しているが、この遺族として、犯給法5条に規定される遺族給付金の支給を受けることができる遺族、すなわち同条1項1号から3号に定める被害者の「配偶者（婚姻の届出をしていないが、事実上婚姻関係と同様の事情にあった者を含む）、子、父母、孫、祖父母、兄弟姉妹」を挙げていることが多い。したがって、遺族のうち「配偶者」について、事実婚関係にあったパートナーは支給対象となるが、婚姻と同様の関係にあった同性カップルのパートナーを支給対象とするか否かについては、自治体ごとに異なる判断となる。当該自治体にパートナーシップ制度がある場合には、少なくともパートナーシップ宣誓制度にもとづくパートナー関係にある当事者は見舞金支給の対象となる可能性が高いと考えられるが、[13]パートナーシップ制度が国の制度でなく、その対象も自治体により一律でないことから、微妙な問題を抱えているともいえよう。そもそも、パートナーシップ制度の利用は任意であり、カムアウトを望まない同性カップルは利用しないことも多い。したがって、パートナーシップ制度にもとづく同

12　対象者として、少なくとも一方が性的マイノリティ当事者であることなどを要件とする自治体も多いが、近年では、養育する子を含めたファミリーシップの形や、事実婚カップルも対象に含める自治体が増えている。

13　そもそも自治体におけるパートナーシップ制度の利用により、犯罪被害者等見舞金や犯罪被害者等支援金を受給可能となる旨、案内している場合も多い（名古屋市ほか多数）。また、パートナーシップ制度導入に伴い、犯罪被害者等見舞金支給要綱などにおいて、支給対象者にパートナーシップ、ファミリーシップによるパートナーを記載する動きもみられる（大阪市ほか）。

性パートナーに限定した見舞金制度等の運用にも問題があるといえる。

　なお、各自治体で犯罪被害者等基本法にもとづく条例や制度を新設する際のパブリックコメントにおいて、支援の対象となる犯罪被害者の家族、遺族に同性パートナーを含むよう求める声があったことが多数公表されている[14]。これらに対し自治体としては、国の犯罪被害者等基本法に準じ、対象を「犯罪等により被害を受けた者及びその家族又は遺族」として取り扱う説明が多くみられる。今後、先に述べた最高裁判決を受け、犯給法上の「配偶者」の解釈が相対化する動向は、自治体における犯罪被害者施策にも影響を及ぼしていくと考えられる。

Ⅳ　改正動向と今後の課題

　以上のように、犯給制度は、犯罪被害者が抱える精神的および経済的な打撃を緩和すべく制度化されてきた。犯罪被害者支援における経済的支援の部分を担う意義をもちながらも、さまざまな課題が指摘され、これまでに改正が繰り返されてきた[15]。2024（令和6）年にも、給付金の支給最低額を一律に引き上げる改正が行われた[16]。これまでの給付金の額について、犯罪被害により被害者が亡くなった場合の遺族に対する給付額が十分ではないという課題に応えたものである。くわえて、犯罪被害者本人の収入途絶の事情以外にも、遺族が経済的に大きな打撃を受ける実態があるという提言を踏まえ、被害者の配偶者、子又は父母が受給する場合に、遺族給付基礎額の算定にあたって一律の加算（4200円）が新設されている。これは、遺族が受ける精神的な負担や経済的打撃を踏

14　愛知県ほか、公表された多数のパブリックコメントおよびその対応が公開されている。

15　2008（平成20）年に、生計維持関係のある遺族に対する遺族給付金および重度後遺障害者に対する障害給付金額が引き上げられたほか、2014（平成26）年には、「犯罪被害者給付制度の拡充及び新たな補償制度の創設に関する検討会」による提言を踏まえた改正が行われた。

16　支給最低額につき、遺族給付基礎額については現行の3200円から6400円に、障害給付基礎額については現行の3600円から5900円に、休業加算額については現行の2200円から3200円に、それぞれ引き上げられた。本改正にかかるパブリックコメントでは、改正施行前の犯罪被害についても適用すべき旨の意見が出されていたことが公表されている。

まえたもので、交通事故での死亡事例について、自賠責制度で遺族に支給されている慰謝料額を参考にしたものである。

　既に述べたように、犯給法は、三菱重工ビル爆破事件が契機となったとの説明がされる場面が多い。しかしながら、最愛の息子を通り魔によって殺害された被害者遺族である市瀬朝一氏が全国の殺人犯罪被害者を束ね、「被害者補償制度を促進する会」を発足させたことが、日本における犯罪被害者補償制度を求める運動の出発点だったともいえる。[17] 制定当時、犯給法は見舞金的な性格が強かったが、改正を重ねるなかで、次第に被害者や遺族の生活の補償（それは被害から将来に向かう損害の填補）としての性格を獲得してきた。2004（平成16）年に制定された犯罪被害者等基本法13条に、「国及び地方公共団体は、犯罪被害者等が受けた被害による経済的負担の軽減を図るため、犯罪被害者等に対する給付金の支給に係る制度の充実等必要な施策を講ずるものとする。」と定められたことも、犯給法の拡充を支えてきたといえる。

　このような犯給制度の意義は、法律上の家族関係に縛られることなく、実態としての家族関係にも妥当する。配偶者、子、父母、祖父母、孫、兄弟姉妹と同等に、犯罪被害者本人に近しく生活を支え合ったパートナーが、他方パートナーの犯罪被害により受ける精神的、経済的損害への補償、見舞金などについて支給対象と認められることは、法制度の趣旨からも当然のことである。夫婦関係、親子関係が多様化するなかで、犯給制度の対象となる家族像についても、最高裁判決を踏まえた「捉え直し」が必要な時が来ているように思われる。

17　岡村勲監修『犯罪被害者のための新しい刑事司法（第2版）』（明石書店、2009年）316頁。ここで示された、犯罪被害者等基本計画検討会第6回会議（平成17年7月26日）資料（岡村勲弁護士による）は以下のとおり。https://www.npa.go.jp/hanzaihigai/suisin/kihon/6/okamura.pdf（最終閲覧：2024年10月31日）

第2章 被害者参加制度の本質と 被害者支援弁護士の重要性

番　敦子

Ⅰ　本章の目的

　1999（平成11）年に発足した日本弁護士連合会（以下「日弁連」という。）の犯罪被害者支援委員会（発足時の名称は「犯罪被害者対策委員会」、以下「支援委員会」という。）の委員として、論者はその発足直後から活動しているが、当初は、犯罪被害者及びその遺族（以下「被害者」という。）に対する犯罪被害者支援弁護士（以下「支援弁護士」という。）の活動について、社会的には十分に認知されていなかった。当時、支援委員会の委員は皆、支援弁護士の活動とはどうあるべきか、ということを意識し探求しつつ、弁護士の使命であるべき支援弁護士の活動を広めたい、深めたいという思いを抱いていた。

　2004（平成16）年の犯罪被害者等基本法（平成16年法律第161号、以下「基本法」という。）によって2007（平成19）年に被害者参加制度が制定され、支援弁護士の活動も大きく広がった。制定からすでに17年が経過し、被害者参加制度は日本の刑事司法の制度として定着したと思われるが、それは当然のごとく生まれた当たり前の制度ではない。被害者の強い要望を実現したものであって、日本の法曹界に大議論をもたらした制度である。

　論者は支援委員会の代表として、法制審議会刑事法（被害者関係）部会の委員として議論に参加し、被害者参加制度の創設経緯を現認した。被害者参加制度が生まれた経緯並びにその本質及び趣旨を再確認し、同部会における議論の

1　https://www.nichibenren.or.jp/activity/human/victim.html（最終閲覧：2024年 8 月13日）
2　https://www.moj.go.jp/shingi1/shingi2_061003-1-2.html（最終閲覧：2024年 8 月13日）

要点や重要な観点等を今再びめぐることは、被害者参加制度のさらなる適正な運用につながる。また、支援弁護士の活動を振り返り、その活動の意義を再確認するとともに、被害者参加弁護士の役割の重要性を確認したい。これが本章の目的である。なお、論者は実務家であり、本章は学究的なものではないことをご理解願いたい。

Ⅱ 被害者の権利と支援弁護士の活動のはじまり

刑事事件における弁護士といえば、専ら、被疑者・被告人の弁護人であった。弁護人は弁護士活動のコアな部分であり、極めて重要である。弁護士の使命は、「基本的人権を擁護し、社会正義を実現すること」であるが（弁護士法1条）、国家権力との関係で、重大な人権侵害を受けるおそれのある被疑者・被告人を擁護する弁護人の任務は、まさしく弁護士の使命そのものである。日本国憲法37条は刑事被告人の権利を規定しており、捜査・公判上の憲法規定は公正な裁判を担保する。

日本国憲法には、「被害者の権利」に関する明文規定はない。そのため、憲法上の保障のある被疑者・被告人の権利と対照して、被害者の権利について慎重な見解もあり、その根拠について憲法13条の幸福追求権かそれとも同25条かという議論もみられた。しかし、そもそも何人も基本的人権を保障されている。国は犯罪から完全に市民を守ることはできず、私たちはいつ被害者となるかもわからない。そうであれば、被害者の人権を擁護し、被害者の被害からの回復に努めることは、国や国民の責務であると考えられ、それは、憲法上明文規定があるか否かには関わらない摂理であろう。そして、被害者の権利を守ることは、人権を擁護する弁護士の当然の使命と考える。

従前、犯罪事件に被害者が存在することは誰でも理解していたが、刑事司法の分野では、被害者は抽象的な存在でしかなく、具体的かつ特別な地位はなかった。自らが被害者となった犯罪についても、被害者には捜査・公判を知る術は十分になく、真相もわからなかった。このような状況において、弁護士は、被害者とともにあるいは被害者に代わり、告訴・告発、メディア対応、警察・検察・裁判所との面談または協議を行い、裁判の傍聴を行った。これが刑

事司法における支援弁護士の活動のはじまりである。もともと、弁護士は被害者の民事上の代理人として、不法行為に基づく損害賠償請求等を行う役割を担っていたことから、当初の支援弁護士としての活動は、民事上の代理人のいわゆる手弁当の活動として始まった。しかし、サービス的な活動では一部の弁護士の活動に留まらざるを得ず、支援を受けられる被害者も限られた。

Ⅲ　支援弁護士の活動の広まりと犯罪被害者等基本法の制定

　2000（平成12）年のいわゆる犯罪被害者保護二法の制定により、被害者に対する刑事司法上の配慮等が規定されたことによって、具体的な被害者に光が当たるようになった。同時期、当時の財団法人法律扶助協会が日本財団からの助成を基にした犯罪被害者法律援助制度を開始し、支援弁護士活動に弁護士費用が交付されるようになった。この援助制度は、現在は日弁連が主体となり、日本司法支援センターに事務等を委託して継続されている[3]（今後2年内に公費による支援弁護士制度が施行され、一部につき公費支出によることになる）。

　刑事上の支援弁護士活動に関して、弁護士費用が支払われるということは、それが弁護士の活動として認知されたということであり、大きな前進であった。論者ら支援委員会の委員は、被害者に対する適正な法的サービスを提供するのが支援弁護士である、と機会あるごとにその存在をアピールした。支援弁護士にとって、法的知識やスキルはもちろんのこと、それ以上に重要なのは、同じ目線の高さで被害者と向き合い、被害者の心情を理解することであり、被害者自身の声を聴くことである。そして、支援弁護士として、個別の被害者の真意を的確に把握するよう努めなければならない。

　2004（平成16）年には、全国犯罪被害者の会（あすの会）等の活動が実を結び、基本法が制定された。同法3条1項には、「すべて犯罪被害者等は、個人の尊厳が重んぜられ、その尊厳にふさわしい処遇を保障される権利を有する」との基本理念が示された。最後まで協議の論点となったと聞いているが、「権

3　https://www.houterasu.or.jp/site/higaishashien/hanzaihigai-seido-6.html#anc-2（最終閲覧：2024年8月13日）

第2章　被害者参加制度の本質と被害者支援弁護士の重要性　133

利」という文言が法文上に記された意義は極めて大きい。

さらに、2005（平成17）年12月には、基本法を前提とした犯罪被害者等基本計画（同法8条、以下「基本計画」という。）が策定された。基本計画は第1次基本計画以降5年毎に改定されており、被害者支援が各方面において推進されることとなった。[4]

Ⅳ　被害者参加制度の創設

1　被害者による刑事手続への参加の要求

基本法には、「国及び地方公共団体は、犯罪被害者等がその被害に係る刑事に関する手続に適切に関与することができるようにするため、刑事に関する手続の進捗状況等に関する情報の提供、刑事に関する手続への参加の機会を拡充するための制度の整備等必要な施策を講ずるものとする」との規定がおかれた（同18条）。これを受けて、第1次基本計画は、法務省に対して、2年以内を目処に、犯罪被害者等が刑事裁判に直接関与することのできる制度の検討及び施策の実施を求めた。

日本の刑事司法は、国家刑罰権の下、検察官及び被告人・弁護人という二当事者主義を根幹とする。そのため、被害者は事件の当事者ではあるが、刑事手続においては「参考人」であり、被害者は、単なる「証拠物」として扱われてきたと訴えた。被害者は、自らが置き去りにされることなく、その意見が刑事手続へ適正に反映されるよう、刑事手続への関与を強く求めたのである。第1次基本計画で示された被害者の刑事手続への直接の関与について、現行の日本の刑事司法の枠の中でどのようなものとするべきか、大きな議論を巻き起こすこととなった。

2　第46回人権擁護大会

基本法制定の1年前となる2003（平成15）年に開催された日弁連の第46回人

4　https://www.npa.go.jp/hanzaihigai/keikaku/kihon_keikaku.html（最終閲覧：2024年8月13日）

権擁護大会では、支援委員会が中心となって「あなたを一人にしない！──犯罪被害者の権利の確立とその総合的支援を求めて」と題するシンポジウムが行われ、被害者の刑事手続への参加も取り上げた。このシンポジウムでは、当時、あすの会が求めていたドイツ型の公訴参加に関して、実際に被害者が公訴参加をしたならばどのような刑事裁判となるか、模擬裁判の形で上演した。ドイツ型の公訴参加とは、一定の犯罪の被害者や遺族が提起された公訴に参加し、在廷する権利が認められるほか、質問権、証拠申請権、意見陳述権、上訴権等が認められる参加制度であって、被害者は検察官と同等に近い訴訟行為者であるといえる。刑事裁判の法廷に被害者が在廷し訴訟行為をする等の光景は、想定を超えるものであったためか、シンポジウムに参加した弁護士らに衝撃を与えた。

被害者の刑事手続参加については、第46回人権擁護大会の「犯罪被害者の権利の確立とその総合的支援を求める決議」の決議項目には入らなかったが、「犯罪被害者が刑事訴訟手続に参加する諸制度の是非及びあり方について、早急に議論を深める」との一文が付加された。これを受けて、日弁連では、犯罪被害者の刑事訴訟手続参加に関する協議会が開かれ、刑事関連委員会の委員や支援委員会からの委員等が約1年間にわたり議論を交わしたものの、意見集約はできなかった。そもそも、刑事関連委員会の委員は、被害者の在廷すら認めようとしなかった。

3　支援委員会による被害者参加制度の要綱試案

支援委員会は、前記人権擁護大会においては、問題提起という意味であえて公訴参加を取り上げたが、果たして日本における被害者の刑事手続への参加はどのような制度がふさわしいか、その後、多くの時間を費やし議論を重ねた。支援委員会が目指したのは、日本の現行の刑事司法の目的や構造の根幹である国家刑罰権、当事者主義、検察官制度等に抵触せず、被害者の要望の核心を満

5　https://www.nichibenren.or.jp/document/symposium/jinken_taikai.html（最終閲覧：2024年8月13日）

6　https://www.nichibenren.or.jp/document/civil_liberties/year/2003/2003_4.html（最終閲覧：2024年8月13日）

たす制度であった。さらに、被害者参加の反対論の理由として指摘された被告人の不利益、弁護人の負担及び法廷の混乱等を最小限に留めるということも念頭に入れた。要するに、日本にふさわしい日本型というべき被害者参加制度の構築を目指したのである。

当事者主義という観点からいえば、被害者は刑事裁判の当事者ではない。そのため、検察官と並ぶほどの権利を有するドイツ型の公訴参加は、日本の刑事手続上は採用できない制度であった。最終的に、支援委員会は、代理人弁護士がついた被害者が、検察官の補佐的な立場の参加人として検察官の横に在廷し、原則として代理人弁護士が訴訟行為をするという制度を要綱試案としてまとめた。被害者は独立した訴訟当事者ではなく検察官の補佐的な役割であることから、独立した当事者に認められる訴因提示権、証拠に対する同意・不同意の意見を述べる権利、忌避権、上訴権等については認められない制度とした。

新たな制度の構築を一から議論するのは、本当に興味深く、わくわくする作業であった。そして、支援委員会の多くの委員は、被害者の切望する被害者参加制度の創設を推進したいと考えていた。

4　法制審議会刑事法（犯罪被害者関係）部会での議論

2006（平成18）年9月、法制審議会は法務大臣からの諮問第80号を受け、刑事法（被害者関係）部会（以下「部会」という。）を設置し、部会は、同年10月から2007（平成19）年1月までの8回にわたって開かれた。諮問第80号の諮問事項第4こそ、被害者が刑事手続に直接関与する制度についての諮問であった。論者は日弁連推薦委員のひとりとして部会に参加した。日弁連自体は被害者参加制度に反対意見を表明していたが、部会の委員への拘束はなかったため、論者は支援委員会を代表する立場として、支援委員会がまとめた要綱試案を論者個人の意見資料として提出し[7]、それに則した意見を述べた。

諮問事項第4については、現行の刑事訴訟手続の枠組みにおける被害者参加はどうあるべきか、という点が重要な論点となり、具体的には、その境界線をどこに引くかという点が最大の問題であった。

7　https://www.moj.go.jp/content/000005140.pdf（最終閲覧：2024年8月27日）

部会においてまとめられた被害者参加制度は、支援委員会がまとめた要綱試案と大きく異ならないものであるが、最も違う点は、証拠調請求権の有無であり、それに伴う証人尋問権の有無であった。支援委員会は、被害者の参加によって、より一層の真相究明を図り、被害者自身の名誉を回復するという被害者参加の目的を考慮すれば、代理人弁護士がついたうえで、参加した被害者側の証拠調請求権を認める必要があり、検察官の同意を要件とすることによって、現行の刑事手続の枠内でも可能と解した。しかし、部会では、証拠調請求権は現行の刑事訴訟手続の境界線を超えると考える委員が多数であり、検察官の立証に被害者が関わるということは現行の刑事手続に反するとされた。

　被害者と公益の代表者たる検察官とは必ずしも同じ方向を向いているものではなく、検察官は当然、被害者の代理人ではない。被害者参加制度は、検察官と被害者とのコンフリクトの可能性をその出発点とする制度という側面もある。被害者は、被害者の声を刑事手続に反映し、刑事裁判が被害者の視点を有するものであってほしいという願いをもって、被害者参加を訴えた。単に、検察官の近くに座り、黙って裁判を見守りたいと思ったからではない。被害者の求める真相究明や名誉回復には、検察官の同意という要件の下ではあるが、被害者の視点からの証拠調べの請求や証人尋問は重要なものであったと今も考える。

　結局、部会の議論では、被害者に証拠調請求権は認められず、罪体証人[8]に対する尋問もまったく認められなかったが、議論を経てようやく限定的に、情状証人に対する弾劾的な尋問が認められた。

　被害者による被告人質問については概ね肯定的な意見が多く、大きな制約なく認められることとなった。また、意見陳述権いわゆる被害者論告についても、被害者が刑事裁判に参加する以上、証拠に基づく意見を述べる機会を与えるのが合理的であるとして認められた。

　2007（平成19）年2月、法制審議会は部会がまとめた要綱骨子案を答申し、同年6月、「犯罪被害者等の権利利益の保護を図るための刑事訴訟法等の一部を改正する法律」（平成19年法律第95号）が成立し、被害者参加制度が創設され

8　情状証人と対置し、犯罪事実に関する立証をする証人をいう（髙橋和之他編『法律学小辞典（第5版）』（有斐閣、2016年）477頁参照）。

た（刑法316条の33乃至39）。

Ⅴ 被害者参加制度の今日的課題

1 法務省での見直し作業

　2008（平成20）年12月に施行された被害者参加制度は現在まで続いている。
「犯罪被害者等の権利利益の保護を図るための刑事訴訟法等の一部を改正する
法律」の附則第9条として、「政府は、この法律の施行後3年を経過した場合
において、この法律による改正後の規程の施行の状況について検討を加え、必
要があると認めるときは、その結果に基づいて所要の措置を講ずるものとす
る」と規定された。そのため、法務省は、2011（平成23）年からアンケートや
ヒヤリングを実施、2013（平成25）年1月から2014（平成26）年7月まで、「平
成19年改正刑事訴訟法に関する意見交換会」を行い、議論の概要を公表した。
同概要においては、被害者参加制度に関するさまざまな意見が記載されている
が、結論として、法務省は、「概ね適切かつ順調に運用され、制度として定着
しつつある」と結論づけ、制度の変更はなされなかった。被害者参加制度の創
設時に、日弁連が反対論の根拠とした被告人側の防御活動への支障、証拠に基
づく冷静な裁判を阻害する証拠法則の空洞化等は認められず、同時期に始まっ
た裁判員裁判との関係でも、制度上、特段の問題は指摘されなかった。しか
し、支援弁護士らが求めていた公判前整理手続への被害者参加弁護士の出席等
は認められなかった。裁判員裁判事件では公判前整理手続において公判審理の
争点や進行が概ね決まるという実態を考えると、被害者参加人及び被害者参加
弁護士には、検察官を通じてのアクセスしか認められないという状況は問題で
あって、被害者参加人等が傍観者となりかねない。被害者参加人が証人として
出廷する場合を想定し、その証言の信用性を担保するためといわれるが、一律

9　https://www.moj.go.jp/keiji1/keiji12_00068.html（最終閲覧：2024年8月13日）

10　河上和雄他編『大コンメンタール刑事訴訟法（第2版）』（青林書院、2012年）254頁は、
　　被害者参加人等に出席等が認められない理由として、「事前に様々な情報に接することとな
　　り、そのような情報に触れた被害者参加人がその後に証人として証言した場合には、証言の
　　信用性が損なわれるおそれもある」とする。

に否定するのではなく、少なくとも被害者参加弁護士の傍聴を検討する余地はあると考える。公判において、被害者参加人の証言が終わるまで、在廷を被害者参加弁護士のみとするという扱いと同様には考えられないか、さらに検討が必要である。

2　現在の運用上の問題

　施行 3 年経過後の検討作業からすでに10年が経ち、被害者参加制度は、現時点ではどうであろうか。制度としてさらに「定着した」といえるのは確かである。司法統計によれば、2009（平成21）年に参加を許可された被害者は560人であるところ、2023（令和 5 ）年では1517人となっている。そのうち約 8 割近い被害者が弁護士委託を届け出ている[11]。

　このように、被害者参加制度の利用は進んだが、最近ではときに、規定の解釈及び運用につき、制度の本質や趣旨に沿ってなされているか、疑問に感じることもある。制度として定着したとはいえ、それだからこそ、規定の文言をただそのまま当てはめる硬直化した運用がなされていないか、検証が必要と感じる。例えば、被害者からの被告人質問について、部会の議論では、証人尋問と異なり広く認めるという趣旨であったところ、被告人質問に関する刑法規定（刑法316条の36）では、意見陳述の目的、審理状況等の相当と認める条件が付与されており、事前の質問事項の検察官への開示も求められ、かなり限定的な行為として解される可能性がある。実際、厳しい訴訟指揮によって制限的に対応された、また、事前の詳細な質問事項の開示を強く求められたというような事例も聞く。裁判員裁判における被害者参加の場合には、審理スケジュールとの関係から、被害者側の尋問や質問、意見陳述（被害者論告）が制約を受けることも多いと思われる。

　今こそ、被害者参加制度の適正な運用に努めることが重要と考える。適正な運用とは制度の本質及び趣旨に適うことであり、被害者はなぜ被害者参加制度を求めたのかを意識した運用を行う必要がある。この点において、とりわけ支

11　弁護士委託の届出は1212人、その内、国選被害者参加弁護士への委託は650人であった（https://www.courts.go.jp/app/files/toukei/718/012718.pdf（最終閲覧：2024年 8 月13日））。

第 2 章　被害者参加制度の本質と被害者支援弁護士の重要性　139

援弁護士つまり被害者参加弁護士の役割は今後重要である。

Ⅵ　支援弁護士の活動のさらなる重要性

　支援委員会が構想した被害者参加制度の要綱試案は、被害者参加人には必ず弁護士がつくという弁護士強制制度であったが、創設された被害者参加制度は弁護士つまり被害者参加弁護士を強制する制度ではない。しかし、刑事裁判に被害者が在廷し、限定的ではあるものの一定の訴訟行為を行うためには、弁護士の支援は欠かせないと考える。実際、現状では8割近い被害者参加人に被害者参加弁護士がついている。また、被害者参加制度の創設とともに国選被害者参加弁護士制度ができたことは重要な点であるが、現状では被害者参加弁護士の6割近くが国選被害者参加弁護士である。

　現在、国選被害者参加弁護士として、日本司法支援センターと契約する弁護士は全国で約6000人にのぼるが[12]、これは制度発足当初の約3倍の人数である。被害者支援活動が弁護士の通常業務として多くの弁護士に広まることを望んでいた論者らにとっては大変喜ばしいことであるが、さらに、数だけではなく質の向上こそが求められる。

　被害者参加制度の適正な運用のためには、被害者参加人と検察官との意思疎通が重要であるが、検察官が被害者に配慮すればそれで十分というわけではない。被害者参加人には、訴因提示権も上訴権もなく、支援委員会が提案した証拠調請求権も罪体証人への尋問権も認められていない。これらは権利として認められないとしても、検察官への意見陳述権（刑法316条の35）によって、被害者参加人の意見を刑事手続に反映することは可能である。

　被害者参加弁護士は被害者参加人の声を聴き、その意見や要望の核心を認識・把握し、法律専門家としての視点を通じて検察官に対し伝え、被害者の意向を刑事裁判に反映するよう努めなければならない。それによって、被害者参加制度の本質及び趣旨が全うされる。

12　2023（令和5）年の被害者参加弁護士契約弁護士数は、5756人であった（日本司法支援センター『法テラス白書　令和4年度版』（2023年）135頁）。

140　第2部　被害者支援の理論と展望

2026（令和8）年には、一部の犯罪において、事件発生直後から公費による支援弁護士制度（「総合法律支援法の一部を改正する法律」令和6年法律第19号）が開始するため、捜査段階から公判段階までの連動した被害者支援がさらに広まり、支援弁護士の役割の重要性が高まると考える。この機会に、被害者自身が求めた刑事手続への被害者の関与についてその本質及び趣旨を想起し、再確認して、支援弁護士の活動をさらに進めるよう希望する。

第**3**章	北欧の犯罪被害者等への支援施策から学ぶこと

——国による犯罪被害者等への経済的支援（北欧における補償制度、
特にフィンランドの補償制度）を中心に

齋藤　実

Ⅰ　日本の犯罪被害者等支援施策の課題

　犯罪被害者等基本法（平成16年法律第161号）が制定され、犯罪被害者等基本
計画（同法 8 条）などにより、犯罪被害者等への支援施策が進められてきた。
これらの施策は一定の成果が出たものの、依然として課題が残っている。第16
回犯罪被害者等施策推進会議（2023（令和 5 ）年 6 月 6 日）では「犯罪被害者等
施策の一層の推進について」の中で 5 つの検討課題が示された。[1]①犯罪被害給
付制度の抜本的強化に関する検討、②犯罪被害者等支援弁護士制度の創設、③
国による司令塔機能の強化、④地方における途切れない支援の提供体制の強
化、⑤犯罪被害者等のための制度の拡充である。

　これらの課題を解決するための有益な方法の 1 つは、諸外国の支援施策から
ヒントを得ることであるが、その 1 つが北欧の犯罪被害者等への支援施策であ
る。[2]北欧は世界でも先進的な施策を実施しており、日本が学ぶべきことは少な
くない。

　そこで、本章前半では、②から⑤の課題に対する北欧の施策について駆け足
となるが整理したい。その上で、 5 つの課題の中でも古くから課題とされ、か[3]

1　https://www.npa.go.jp/hanzaihigai/whitepaper/2023/zenbun/siryo/siryo-4.html（最終閲
　覧：2024年 3 月15日）

2　北欧の被害者支援施策について横断的に説明するものとして、日本弁護士連合会犯罪被害
　者支援委員会第60回人権擁護大会シンポジウム第 1 分科会実行委員会「ノルウェー・ス
　ウェーデン・フィンランド犯罪被害者支援制度に関する調査報告書～2014・2017北欧調査
　結果～」https://www.nichibenren.or.jp/library/ja/committee/list/data/norway_sweden_fin
　land_report.pdf（最終閲覧：2024年 3 月20日）。

つ未だに十分には解決していないものが、国による犯罪被害者等への経済的支援である。本章の後半は、①の課題を扱う。[4]

Ⅱ　北欧の犯罪被害者等への支援施策

1　日本の5つの検討課題と北欧の犯罪被害者等への支援施策

「犯罪被害者等支援弁護士制度の創設」（②）について、北欧で犯罪被害者等のための弁護士制度が発展しているのがスウェーデンである。[5]同国では、1984年重大な性犯罪被害者に国選弁護士が付された。その後、1988年被害者弁護士法が定められ、1991年には対象を全ての性犯罪被害者に拡大した。2001年からは法定刑に拘禁刑の定めのある全ての犯罪の被害者が対象となった。選任時期は事件直後が望ましいと考えられ、捜査段階から選任されている。[6]

また、「国による司令塔機能の強化」（③）については、スウェーデンでは犯罪被害者庁、ノルウェーでは暴力犯罪補償庁（犯罪被害者庁）が存在する。[7]犯

3　牧野英一「犯罪被害者に対する賠償の実際的方法」法学協会雑誌（1904年）94-107頁では、国による経済的支援が論ぜられている。

4　国による犯罪被害者等への経済的支援については、齋藤実「北欧における犯罪被害者政策——犯罪被害者庁を中心にして」被害者学研究29号（2019年）86-97頁、同「犯罪被害者への経済的支援に関する牧野英一説の検証——『刑法における賠償問題』の検討」琉大法学105号（2022年）5-17頁、同「犯罪被害者補償制度と北欧の犯罪被害者庁」獨協法学118号（2022年）275-290頁、同「被害者支援の問題と展望」刑法雑誌62巻3号（2023年）481-496頁等で意見を述べたが、本章は「犯罪被害給付制度の抜本的強化に関する有識者検討会」の取りまとめを受けて、改めて、自らの考えを整理した。

5　矢野恵美「犯罪被害者の法的地位——スウェーデンの被害者弁護人制度を中心に」法学研究80巻12号（2007年）507-535頁。

6　他の北欧諸国としては、例えばフィンランドでは公設弁護士制度が設けられており、司法扶助制度の一環として行われている（齋藤実「国選犯罪被害者弁護士制度の現状とあるべき姿——北欧の制度を参考にしつつ」獨協法学116号（2021年）360-361頁）。

7　犯罪被害者庁については、矢野恵美「スウェーデンにおける被害者政策の発展」被害者研究11号（1999年）61-71頁、齋藤実「北欧における犯罪被害者庁について——ノルウェーの市民庁・犯罪被害者支援政策を中心として」自由と正義64巻12号（2013年）29-33頁、同「ノルウェーの犯罪被害者庁及び回収庁の現在（いま）」獨協法学103号（2017年）115-129頁、齋藤・前掲論文（注4）「北欧における犯罪被害者政策——犯罪被害者庁を中心にして」86-97頁、同「被害者支援の問題と展望」刑法雑誌第62巻3号（2023年）481-496頁。

罪被害者庁の特徴は、既存の官庁から独立した官庁が（独立性）、犯罪被害者等への支援を一元的に担い（一元性）、しかも職員は犯罪被害者等への支援に関する専門家から構成されていること（専門性）である。犯罪被害者庁は、犯罪被害者等への支援の「司令塔」として様々な施策を牽引している。

「地方における途切れない支援の提供体制の強化」（④）については、ノルウェーの取組が参考になる。ノルウェーの海岸部はフィヨルドとなっており、内陸部は山が切り立ち、地域ごとの行き来が容易ではない。そのため、犯罪被害者等の支援を各地方自治体に任せていたが、地域格差が生じることとなった。そのため、各地方自治体に任せていた支援を、暴力犯罪補償庁（犯罪被害者庁）の管轄とした。それにより、地域格差のない均一的な支援を行い、地方における途切れない支援を実現した[8]。

「犯罪被害者等のための制度の拡充」（⑤）とは、医療・生活・教育・納税の各分野にわたる各種社会保障・社会福祉等制度について、犯罪被害者等に配慮した取扱いを行うことを示す[9]。北欧では高度に各種社会保障・社会福祉等制度が発達しており、犯罪被害者等も他の国民と同様にそれらの制度の支援を受ける。北欧の犯罪被害者等への支援の基本は、社会福祉制度にあるといってよい。質の高い社会福祉制度に加えて、さらに様々な犯罪被害者等を支援する施策を進めている。

2　福祉国家北欧の被害者支援施策が日本の解決策になるのか

北欧の犯罪被害者等への支援施策については、北欧が福祉国家であるから成り立つものであり、日本の解決策にならないのではないかという意見も考えられる[10]。

たしかに北欧は日本に比べてより高度な福祉国家である。犯罪被害者等も福

8　齋藤実「ノルウェーにおける犯罪被害者庁の現在──暴力犯罪補償庁及び犯罪被害者支援地方事務所を中心として」獨協法学98号（2015年）1-18頁。

9　https://www.npa.go.jp/hanzaihigai/whitepaper/2023/zenbun/siryo/siryo-4.html（最終閲覧：2024年6月12日）。

10　齋藤・前掲論文（注4）「北欧における犯罪被害者政策──犯罪被害者庁を中心にして」94-95頁。

祉施策の恩恵を受け、例えば、医療費の負担はごく一部であり、教育費は無償である。しかし、これらの支援を受けても、犯罪被害者等が損害を回復し、元の生活に戻るためには十分ではない。そのため、福祉施策に加えて、犯罪被害者等への支援施策を行うのである。このような施策を講じて初めて、犯罪被害者等は元の生活に戻る可能性を得るというのが北欧の判断である。北欧でも、国家財政は限られている。その限られた予算の中でも、犯罪被害者等への支援に充てることが必要であると決断したのである。

　翻って、日本の施策を考えたとき、北欧では犯罪被害者等への支援のベースと考えられている福祉施策が十分ではない。とすると、北欧以上の犯罪被害者等への支援施策を講ずる必要があると考えるのが自然であろう。それにもかかわらず、日本では国家財政が少ないとし、国家財政を犯罪被害者等への支援施策に割り当てることに躊躇する。国家財政が限られているのは、北欧でも同じである。

　北欧では、誰かが、犯罪被害により損害を被った時に、その損害を犯罪被害者等にのみ負わせるのは不公平であり、社会全体で分担していこうとする価値観が根底にある。このような価値観は、北欧だけのものではないはずである。犯罪被害者等が被った損害を社会全体で負担するという価値観は、日本でも十分に共有できるものである。

Ⅲ　北欧での国による犯罪被害者等への経済的支援について

1　北欧の制度の概略

（1）はじめに

　北欧において、国による犯罪被害者等への経済的支援は、国ごとの違いはあるものの、概ね類似の構造を採用する。それは以下の流れである。

　まず、犯罪被害者等から加害者に対して損害賠償請求を行う。同請求が認容され債務名義を取得した後、国（例えば、スウェーデンでは強制執行庁、ノルウェーでは回収庁と呼ばれる国家機関。）が加害者への強制執行を行う。強制執行が功を奏せず、さらに保険制度等によっても損害が補填されない場合には、国（例えば、スウェーデンでは犯罪被害者庁、ノルウェーでは暴力犯罪補償庁）により犯

罪被害者等に対して、損害賠償額を補償をする。補償をした国は加害者に対して、補償金相当額を回収庁や強制執行庁により求償する。

（2）スウェーデン、ノルウェー及びフィンランド各国の規定

スウェーデン、ノルウェーそしてフィンランドの補償法の規定を紹介すると、以下の通りである。

まず、スウェーデンでは刑事損害賠償法に規定され、犯罪行為によって損害を被った者には、犯罪被害補償金が支払われる（1条）。もっとも、この金額は、他の補償制度で補填されない範囲に限られる（10条）。補償金が支払われた場合、国は被害者の補償を受ける権利を代位する（28条）。

また、ノルウェーでは暴力犯罪補償法に規定され、判決により損害賠償が認容された者は、国から損害賠償を支払われる権利を有する（6条1項）。この請求は判決が確定してから6か月以内に暴力犯罪補償庁補償局にする（同条2項）。補償の範囲は、休業損害、逸失利益（3条1項）、後遺障害に関する補償（同条2項）などである。補償金が支払われた場合には、加害者に対する損害賠償請求権は国に移譲される（11条）。

さらに、フィンランドでは刑事補償法に規定され、犯罪被害者等が加害者から補償を受ける権利は、国が補償金を支払うことを決定した日に国に移転する（31条1項）。補償の範囲は、医療費、休業損害、（入通院）慰謝料、後遺障害に対する賠償（4条）、逸失利益（5条）などである。国の求償につき、罰金の執行に関する法律に従って回収される（32項）。

2　フィンランドの被害者補償法

（1）はじめに

フィンランドの被害者補償法は何度かの改正があったものの、その制度趣旨は制定当時と異ならず、制定にあたり政府提案書で説明されている[11]。この制度趣旨を見たうえで、日本のあるべき姿について考えたい。

11　1973 vuoden valtiopäivät no98. 齋藤・前掲論文（注4）「犯罪被害者への経済的支援に関する牧野英一説の検証――『刑法における賠償問題』の検討」14-15頁、同「犯罪被害補償制度と北欧の犯罪被害者庁」286-288頁。

（2）被害者補償法の制度趣旨

政府提案書の中では、まず、自然災害、突然の病気など様々な社会保障を必要とするものの中で、犯罪被害者への補償することが特に必要とする理由について述べている。

「犯罪は社会に影響を及ぼす可能性があり、犯罪被害に対する補償を他の事象以上に充実させることを、国の一定の社会的責任として正当化すべきである。予測不可能な犯罪から社会の構成員を守るために、安全を保障する制度を構築する制度の一環として、犯罪被害者独自の補償制度を設けることは、必要かつ正当なものと考えられるとする。被害者は恩恵として補償が与えられるものではない」[12]とする。

さらに続けて、社会（国）の義務についても説明する。すなわち、「ある社会がある犯罪のコントロールシステムを選んだ場合には、その社会はある意味でそれに相応する犯罪を『うけとった』といえる。それで、その社会は、その社会に必然的におきてくる犯罪の被害が不公平にわけられるのを防ぐ義務がある」と説明する[13]。

このように、政府提案書の中で、「犯罪は社会に影響を及ぼす可能性」があるため財源を割り当て犯罪被害者等に補償するべきであるとし、その社会（国）の義務を「犯罪の被害が不公平にわけられるのを防ぐ義務」としたことに特徴がある。

（3）フィンランドの被害者補償法の考え方

フィンランドの被害者補償法の制度趣旨は、北欧を貫く平等・公平という概念が大きく影響している[14]。国民1人1人は、社会の重要な構成員である。その

12　斉藤誠二「フィンランドの被害者補償制度」大谷実＝宮澤浩一共編『犯罪被害者補償制度』（成文堂、1976年）256頁。

13　斉藤・前掲論文（注12）255-256頁。なお、この考えは、前掲12）256頁注（2）によるとインケリ・アンティラ（Inkeri Antila）教授の考えも反映されていると考えられる。アンティラ教授は、フィンランドを代表する刑事法学者で、ヘルシンキ大学法学部で初めての女性教授（刑法）であり、国連ヨーロッパ犯罪防止研究所（HEUNI）初代所長、法務大臣も務めた（齋藤実他「国連ヨーロッパ犯罪防止研究所（フィンランド）とカウコ・アロマー」刑政130巻10号（2019年）69頁）。

14　齋藤実「北欧の『平等』という価値観と刑事政策――北欧の犯罪被害者支援から何を学ぶ

構成員が、犯罪により損害を被った場合には、被害を受ける前の状況に戻すことが平等・公平である。他の犯罪被害に遭っていない者が、犯罪被害者等の犠牲の上に生活をしてはならない。特に、犯罪は不可避的なものであり、一部の国民が必ず犠牲になることから、犯罪被害者等のみにその犠牲を負わせるのではなく、補償をする必要があると考える。

この不平等・不公平な状態を平等・公平な状態に戻すことができるのは、個人ではなく、社会（国）である。そのため、社会（国）が、犯罪被害者等の不平等あるいは不公平な状況を解消する義務があると考えた[15]。犯罪被害者等の損害は、裁判手続により債務名義として明らかになる。そこで、犯罪被害者等が取得した債務名義を基準として、社会（国）で分担するとしたのである。

もちろん、犯罪被害者等の損害に対して、第1次的に責任を負うべきは加害者である。そのため、国が補償をした後、国は加害者に対して求償を行う。たしかに、求償をしても、全ての補償額を回収できるわけではない。しかし、求償を行うことで加害者の責任を明らかにすることができ、また、一定額の回収を行うことで制度に対する国民からの信頼を得ることもできる[16]。

Ⅳ　検討会での「立替払制度」に関する議論

1　はじめに

第16回犯罪被害者等施策推進会議が課題を提示したことを受けて、犯罪被害給付制度の抜本的強化に関する有識者検討会（以下「検討会」という。）が立ち

か」罪と罰60巻1号（2022年）1-4頁。

15　齋藤・前掲論文（注4）「犯罪被害者への経済的支援に関する牧野英一説の検証──『刑法における賠償問題』の検討」15頁。

16　ノルウェーについては2015年約16％を回収している（齋藤・前掲論文（注7）「ノルウェーの犯罪被害者庁及び回収庁の現在（いま）」124-125頁）。なお、日本政府の自動車損害賠償保障事業において、強制保険への加入義務を果たさず自己を起こした加害者を放置することは、社会正義の観点から許されないとして、加害者（賠償責任者）に対して、厳正な求償が必要との観点から、求償を行っており、2022（令和4）年度の債権回収額は、3億2600万円であった（有識者検討会第3回【資料2】国土交通省説明資料（自動車損賠賠償制度　https://www.npa.go.jp/hanzaihigai/meeting/kyufu_kyouka/kaisai/3rd/shiryou.html（最終閲覧：2024年6月15日）））。

上がり、同会は、2024（令和 6）年に取りまとめた内容が明らかになった。[17] その中では、遺族給付金の支給最低額の一律引上げ、遺族自身に生じる影響を踏まえた同給付金の支給額の増額などが提案された。

　遺族給付金の支給最低額の一律引上げの議論において、犯罪被害給付制度の性格を前提に増額を議論するか、あるいは「立替払制度」の導入するかについて議論はされたものの、後者を導入されるには至らなかった。なお、検討会でいう「立替払制度」の内容は明確でなく、北欧の補償制度とは、必ずしも同一の制度ではないように思われる。もっとも、以下では、議論を進めるため、「立替払制度」を北欧の補償制度と読み替えて検討する。

2 「立替払制度」が導入されない理由とその検討

　検討会では「立替払制度」が導入されない理由として、①なぜ国が立替払いをする「責任」があるのか、②なぜ犯罪被害についてのみ国が立て替えるのか、③立替払いをすることにより加害者が責任を減じられるのではないか、などがあげられた。しかし、これらの理由に対しては、以下のように検討することができる。

　まず、①国の「責任」という点についてであるが、犯罪は社会の中で不可避的、必然的に起きる。その犯罪による損害の負担を犯罪被害者等に負わせるのか、あるいは国民間で分担するかを考えた場合、誰でも犯罪被害者等となる可能性がある以上、それを国民間で負担することが平等であり公平である。その負担を公平に分けるように調整できるのは、国である。そのため、犯罪の被害を公平に分ける義務が国にあると考えることはできる。

　また、②なぜ犯罪被害についてのみ国が立替えるのかについても、同様の文脈で考えることができる。犯罪は社会に影響を及ぼす可能性があり、また誰でも犯罪被害者となる可能性がある。とすれば、犯罪被害者に立替えるとすることは自然である。

　さらに、当然ながら、「③立替払いをすることにより加害者が責任を減じら

17　https://www.npa.go.jp/hanzaihigai/meeting/kyufu_kyouka/kaisai/s_zenbun.pdf（最終閲覧：2024年 8 月25日）

れる」などということはない。損害への第1次的責任を負うのは、加害者である。その加害者に代わって、国は犯罪被害者等に対して債務名義を基準とした損害の立替払いをした。とすれば、加害者は国に対して債務を負うことになる以上、その債務を国が加害者に求償を行うのは当然である。このように考えることで、むしろ、加害者の責任が明確化されるのである。

3　損害賠償請求と国からの補償の一体化

以上の考え方は、犯罪被害者等から加害者に対する損害賠償請求と国から犯罪被害者への補償を一体的に考えることにもなる。

原則として、犯罪被害者等から加害者へ民事の損害賠償請求を提起し、債務名義を取得する。この債務名義で確認された損害の中で、保険等によっても補填されていない損害について、国が犯罪被害者等に補償する。国は補償した額について、加害者に対して求償する。このように、損害賠償請求（損害賠償命令）→債務名義の取得→国からの補償→加害者への求償を、債務名義を基準として、一体的に構築することができる。民事裁判で認容された額を基準として損害を認定し、その認定した損害を基準に、国からの補償及び求償がなされ、制度の一体性の確保をすることができるのである。民事の損害賠償請求の実効性が低いことが問題とされていたが[18]、この制度を導入することで実効性を有することにもなる。

これに対して、検討会で提出された犯罪被害給付制度を手直しして増額するという考え方は、損害賠償制度とは別に、犯罪被害給付制度により犯罪被害者等に経済的支援をするという考えである。直接には関連のない2つの制度が存在することになるが、犯罪被害給付制度を増額し一定の給付金の給付を受けることができれば、犯罪被害者等としては、実効性の低い損害賠償請求をあえて利用することは少なくなるであろう。仮にそのようになれば、本来、第一次的責任を負うのは、加害者であるにもかかわらず、加害者への請求はされないこととなる[19]。

---

[18]　日本弁護士連合会が行ったアンケート調査では、特に、生命身体犯の回収率が低いことが明らかになっている（https://www.nichibenren.or.jp/library/ja/committee/list/data/songai baishouseikyuu_saimumeigi_questionnaire.pdf（最終閲覧：2024年8月16日））。

4　社会連帯共助の考えとの親和性

　フィンランド補償法制度の根本の考え方は、犯罪被害という理不尽な損害を誰が負うかを考えた場合に、損害を国民の間で公平に分担するべきとする点にある。この考え方のベースには、社会連帯共助の考え方がある。

　他方で、犯罪被害給付制度の趣旨は、かつては見舞金的性格といわれ、現在では「再び平穏な生活を営むこと」（犯罪被害者等給付金の支給等による犯罪被害者等の支援に関する法律第1条）とされる。いずれも、社会連帯共助という考え方を元にしている[20]。

　社会連帯共助とは、犯罪被害者の負った損害を、社会が協力して助け補い合うということであろう。とすると、損害を国民の間で公平に分担するとするフィンランドの考え方とは類似の考え方である。このように考えると、犯罪被害給付制度から北欧の補償法制度に移行したとしても、大きな混乱なく移行することが可能である。

Ⅴ　北欧から学ぶこと

　フィンランドでは、補償法を制定する趣旨として、「その社会は、その社会に必然的におきてくる犯罪の被害が不公平にわけられるのを防ぐ義務がある」と説明した。ここで重要なことは、犯罪被害は不可避的であり、誰に起きるかは分からないということである。犯罪により生じた被害を犯罪被害者等のみに負担させるのは不公平であり、その不公平を解消するために、社会（国）がその不公平を解消する義務があるとする。これは、社会の一員である国民1人の犠牲の上に、他の国民が生活をすることは不公平であり、その不公平を解消することこそが国の義務であるという、明確な決意である。

19　たしかに犯給法にも求償に関する規定（8条2項）はあるものの、現実にはほとんど使われていない。

20　制定当時、「社会連帯共助の精神をもって、……被害の緩和を引き受けようとするものであるから、見舞金的な性格」を有していると説明され（大谷實＝齊藤正治『犯罪被害給付制度』（有斐閣新書、1982年）60頁）、近年でも「社会連帯共助の精神に基づき、……法秩序への不信感を除去する」川出敏裕＝金光旭『刑事政策』（成文堂、2018年）333-334頁）などと説明される。

第3章　北欧の犯罪被害者等への支援施策から学ぶこと　151

翻って、日本の状況を見た場合に、たしかに犯罪被害給付金の最低金額は底上げされた。しかし、犯罪被害者等の被った損害額には届かない。とすると検討会の結論は、この本来の額に届かない損害については被害者本人に負担させる、ということになる。果たしてこの結論は、平等・公平な社会といえるであろうか。

忘れてはならないことは、たとえ、損害賠償請求で認められた金額を全額回収できても、犯罪被害者は元の生活に戻ることはできないということである。失われた手足は戻らないし、もちろん命は戻らない。全ての損害の回収をしても、犯罪被害者等は何らの利益もない。元の生活に戻るために、やっと一歩となるきっかけを得たに過ぎない。今の日本の状況は、最初の一歩にさえもたどり着いていない。

犯罪は誰に起きるか分からないからこそ、犯罪被害に遭った時に備えて、十分なセーフティーネットを用意することが重要である。ただ、犯罪被害給付金制度では、セーフティーネットとしての役目は果たしていない。今こそ、犯罪被害を他人事と考えず、自分事として考える政策が求められており、北欧の補償制度導入を真剣に検討すべき時である。今の日本には、社会の公平・平等を重んじる北欧から学ぶことは極めて多い。[21]

21　齋藤・前掲論文（注4）「犯罪被害者補償制度と北欧の犯罪被害者庁」285-288頁。

第4章	犯罪被害者庁の存在意義

──スウェーデンにおける犯罪被害者庁設立の経緯とその活動から考える

矢野　恵美

Ⅰ　本章のポイント

　スウェーデンは世界の中で犯罪被害者政策において特に先進国ではなかっ
た。1970年代から性犯罪を中心に女性被害者の問題が議論されるようになり、
1980年代に入って、女性犯罪被害者を中心にいくつかの制度や法律が作られる
ようになっていった。その代表的なものは被害者特別代理人法（1988年法律第
609号）、訪問禁止法（1988年法律第688号）等である。1994年には犯罪被害者の問
題を専門に扱う独立した省庁である「犯罪被害者庁」が設立された。ここから
スウェーデンの犯罪被害者政策は世界でも類を見ない進歩を遂げていくことと
なる。筆者は犯罪被害者庁設立直後の1995年にスウェーデンに留学した。留学
中の総選挙では各党党首が各党の被害者政策を語るという場面も目にし、衝撃
を受けた。[1]日本では2024（令和6）年になっても、各党党首が被害者政策を語
る場面を目にしたことはない。

　犯罪被害者庁の役割の1つは、加害者が損害賠償を支払えず、保険等でも賄
いきれない場合に国からの補償を担当することにある。スウェーデンでは元々
司法省の中の専門の部局が担当していたが、それを独立した省庁が担うことと
なった。

　しかし、犯罪被害者庁の役割はそれだけではなく、何よりも被害者問題の一
元化にある。ここで被害者に関する国内外の情報を収集し、被害者に特化した

1　当時のスウェーデンの様子については細井洋子＝矢野恵美「福祉国家スウェーデンと犯
　　罪」東洋大学社会学部紀要37-1号（1999年）5-72頁。犯罪被害者政策については35-49頁参
　　照ください。

政策を考案、被害者に関する様々な情報を社会に発信する等の役割が重視されている。犯罪被害者に好んでなる人はおらず、裏を返せば誰でもが犯罪被害者になりうる。本来、犯罪被害者政策は私達全員にとって「自分事」である。私達にとって犯罪被害者の問題を専門に扱う省庁の存在は不可欠ではないだろうか。スウェーデンでは犯罪加害者を扱う省庁として「矯正保護庁」、犯罪被害者を扱う省庁として「犯罪被害者庁」がいずれも司法省から独立する形で存在している。本章では2024年に設立30周年を迎え、その活動が評価され、活動範囲を益々拡大しようとしているスウェーデンの犯罪被害者政策の象徴とも言える犯罪被害者庁について、その設立以前の法律の状況等を概観した後、犯罪被害者庁の設立経緯や存在意義について見ていく。

Ⅱ　犯罪被害者庁設立以前

　スウェーデンでも、犯罪の損害賠償は第一義的には加害者によって支払われるものと考えられている。一方、保険制度がかなり充実しており、犯罪の被害についても保険で賄われる部分が多い。犯罪については特に「人身損害（personskada）[2]」について考慮されることが多いが、人身損害は基本的に社会保険で賄われると考えられている。これは民間の生命保険、傷害保険、又は医療保険である。人身損害以外の物的損害（sakskada）やその他の財産的損害については「住宅保険（hemförsäkring）」という広く普及している保険によって賄われている。さらに住宅保険、旅行保険には「傷害保険（överfallsskydd）」が必須で含まれていることが多く、この保険によって被保険者が暴行やその他の故意の暴力によって被った人身損害に対する損害賠償が支払われる[3]。

　スウェーデンにはこのように手厚い保険の存在がある。しかし、そもそも犯罪被害者にはその被害の全額を補償される権利があるにもかかわらず、保険は

2　人身損害とは、他者の行為によって生じた身体的または精神的な損害のこと。人身損害は経済的損失（例えば、治療費や収入の減少）や精神的苦痛（例えば、痛みや苦しみ、後遺症）を引き起こす可能性がある。https://lagen.nu/begrepp/Personskada（最終閲覧：2024年12月10日）

3　『犯罪被害への補償』SOU 1977:36. Ersättning för brottskador, s.13-14.

154　第2部　被害者支援の理論と展望

全額を補償するものではないこと、上限があること、そして犯罪における損害賠償は加害者の資力に影響を受けること等を問題視し、国家による補償制度が充実していくことになる[4]。

尚、スウェーデンの国家補償は元々、矯正施設等からの逃走者による犯罪の被害（逃走損害 rymlingsskador）を手厚く国が補償していたこととの均衡をはかろうとしたという独自の側面の歴史もある[5]。

1 犯罪による人身損害に対する公的資金からの補償に関する布告[6]（1971年第505号）Kungörelsen（1971：505）om ersättning av allmänna medel för personskada på grund av brott

犯罪被害者が被った人身損害に対して、国家が一定の補償を提供する制度として導入された。この制度は、被害者が申請し、政府によってその必要性が審査された。この制度の目的は、社会的に緊急性の高いニーズに応えることであった。司法省が管轄し、1回の手続に200クローナかかった。

2 損害賠償法（1972年法律第207号）Skadeståndslag（1972：207）

本法は、スウェーデンの損害賠償制度を近代化し、より体系的で公平な仕組みを整備することを目的とし、それまで刑法第6章にあった一般的な損害賠償[7]規定を、独立した損害賠償法に移行した[8]。第6章には犯罪や不法行為によって引き起こされた損害に対する責任が規定され、どのように被害者が賠償を請求できるかについてが定められていた。

日本と同様、犯罪被害者は加害者から損害賠償を受けることができ、被害者が民事裁判を起こして請求することができる。但し、スウェーデンにおいて

4　Ibid. s.13.

5　スウェーデンには長らく逃走罪がなかった。開放刑務所からの逃走者の数は非常に多い。逃走罪の創設について拙稿「スウェーデンの刑事政策は大転換するのか」ジュリスト1600号（2024年）97頁参照ください。

6　法律（lag）が国会で定められるのに対して、政府や行政機関が具体的な事項を定めるもの。本布告は政府によって定められた。

7　旧刑法（Strafflagen）1864年（法律番号なし）

8　Prop. 1972:5, s.1.

は、損害賠償は通常の刑事裁判の最後に裁判官から言い渡される（訴訟法第22章）。日本のように被害者が別途民事裁判を起こす必要はない（日本においても2008年に損害賠償命令制度が創設された）。

スウェーデンにおいては、損害賠償は、故意や過失によって被った損害に対する経済的な補償を意味し、被害者を損害がなかった状態と同等の経済状況に戻すことが目的とされている。損害賠償には、以下のものが含まれる（損害賠償法第3章第1条）。①人身損害（personskada）：身体的又は精神的な損害。治療費、収入の喪失、痛みや苦しみ、後遺症等が含まれる。②物的損害（sakskada）：物品や不動産に対する損害。修理費用や交換費用等。③純粋な経済的損害（ren förmögenhetsskada）：人身損害や物的損害と直接関係しない経済的損害。詐欺による金銭的損害等。④権利侵害（kränkning）：名誉や人格に対する侵害。侮辱やプライバシーの侵害等、精神的な苦痛を引き起こす行為に対する補償。スウェーデンでは重要な概念。

3　犯罪被害法（1978年法律第413号）Brottsskadelag（1978:413）

1974年に国によって「犯罪被害委員会」が立ち上げられ、本委員会の報告書『犯罪被害への補償』において、1971年の布告を様々な点で被害者にとって有利な方向に改正し、「犯罪被害法」としてまとめることが提案された。本法に基づく補償を「犯罪被害補償（brottsskadeersätning）」と呼ぶ。本補償は、司法省の中に新たに「犯罪被害補償委員会（brottsskadenämnden）」を立ち上げ、そこが審査することとなった。犯罪被害委員会は、人身被害に対する犯罪被害補償金は、必要性の審査なしに決定されるべきであると提案した。補償は、被った損害に対する全額補償の原則など、損害賠償法の規定に従って支給されるべきであるとされた。犯罪被害補償金を受け取るには、警察に届けていなければならない。不服があっても申立はできない。特別な理由がない限り、補償の申請は犯罪が行われた日から2年以内に行われなければならない。内容は損害賠償と同様である。その後、犯罪被害補償委員会は組織として対応していないことが問題とされ、犯罪被害者庁設立につながった。現在、本法は廃止され、新たな犯罪被害法となっている（2014年法律第322号）。

Ⅲ　犯罪被害者庁設立

1　創設背景

　ここまで見てきたように、スウェーデンにおける犯罪被害者政策は、他の先進国同様に、加害者が損害賠償金を支払えない場合の国家による補償が１つの出発点となっている。1978年にできた犯罪被害法による犯罪被害補償金の支払いである。80年代には女性の被害者を中心にした法制度が作られていった。女性被害者への対応が被害者政策全体をリードしていったのがスウェーデンの特徴の１つである。そして、80年代から90年代にかけて、犯罪被害者の権利の保障や保護という機運が高まっていった。

　犯罪被害者庁は、1993年の司法省の報告書『犯罪被害者に焦点を当てる[9]』及び、それを受けた法案と最終施策を提案する『犯罪被害者に焦点を当てる[10]』の中で、犯罪被害者問題全般の責任を持つ機関として提案された。ここでは、犯罪被害者基金の創設、犯罪被害者庁の創設、犯罪被害者の支援強化、損害賠償の容易化等が提案された。[11]当初提案された任務は①犯罪被害補償請求に関する決定、②犯罪被害者基金の使用に関する決定、③犯罪被害者問題全般の取り組みの統括であった。創設の目的は、①犯罪被害者の権利、ニーズ、利益の促進、②犯罪被害者の状況の把握、改善に向けた提案、③犯罪被害者問題に関する情報センターとしての機能、知識提供であった。[12]犯罪被害者庁設立の利点は①政策の一元化、②犯罪被害者の権利保護、③犯罪被害者問題の社会的認識向上とされた。[13]

2　設　立

　犯罪被害者庁は、犯罪被害者の問題を専門に扱う組織として、犯罪被害者の

9　Ds 1993:29. Brottsoffren i blickpunkten.

10　Prop. 1993/94:143. Brottsoffren i blickpunkten, s.33 ff.

11　Ibid. s.1.

12　Ibid. s.33.

13　Ibid. s.33ff.

権利、ニーズ、利益を促進するという包括的な目標を掲げ、1994年7月1日に独立した省庁として設立された。独立の際に、ストックホルムの司法省の中からストックホルムから北へ約600kmに位置するウメオに拠点を移した。これは地方分権化を促進する地域政策の一環として決定された。犯罪をした者には「矯正保護庁」、被害者には「犯罪被害者庁」がそれぞれある点が非常に平等な点である。後述するように犯罪被害者庁の活動の1つに、犯罪被害者基金の管理があるが、これは犯罪被害者庁設立と同時に設立された。ウメオ大学には国で最初の被害者学を専門に学び、被害者学の学位を出す被害者学科が存在する。犯罪被害者庁とは連携が強く、ウメオはスウェーデンにおける犯罪被害者研究の中心地となっている。

犯罪被害者庁設立の際に、国が任命する事務局長を置き、被害者庁を運営することとなった。初代事務局長はブリエッタ・ビエッレ（女性）、2005年からは2代目の事務局長マルガレータ・ベルグストロム（女性）、2012年からは3代目の事務局長アンニカ・エシュテル（女性）、2021年からはアンデシュ・アレンシェル（男性）がその任に当たっている。いずれも法律家である。スウェーデンでは組織の長に女性が非常に多い。

Ⅳ　犯罪被害者庁の任務

現在の任務は①犯罪被害補償、②犯罪被害補償の回収、③知識センター、④犯罪被害基金の4つである[14]。設立時は、回収については①に含まれ、3つの任務とされていたが、現在は回収にも大きな力を入れていることから4つになっている。職員は法律の学位をもつ者、法曹（裁判官等が一時同庁で働くことも多い）が多い。

1998年の報告書『犯罪被害者　何がなされたか　何がなされるべきか』等、これまでの評価では、犯罪被害者庁の活動は高く評価されている[15]。

14　https://www.brottsoffermyndigheten.se/（最終閲覧：2024年11月10日）

15　SOU 1994:80. Brottsoffer Vad har gjort ?Vad bör göras? s.18.

158　第2部　被害者支援の理論と展望

1 犯罪被害補償

上述したように、犯罪被害者に対する国による金銭的補償である。財源は税金である。それまで犯罪被害補償委員会の管轄であった犯罪被害法の執行が、犯罪被害者庁の管轄となった。スウェーデンは附帯私訴制度をとっているので、被害に遭ったことを警察に届け、捜査がなされ、公訴が提起され、刑事裁判が行われると、刑事裁判の最後に損害賠償が言い渡される。損害賠償が支払われなければ、被害者は被害者庁に犯罪被害補償金の請求を行う。本業務が犯罪被害者庁の大きな意義であると言える。

1994年度には約4000件の申請があり、2004年度に初めて1万件の申請があった。2024年度には約1万4000件になると予測されている。[16]

犯罪被害補償についてはその金額を正当に引き上げることも任務となっている。2021年には重大な安全侵害と女性の安全侵害の補償水準が50％引き上げられた。又、2021年には児童に対する犯罪（面前DV罪）が設立された。これに伴って、面前DVの被害者である子どもに犯罪被害補償が支払われることになったが、その額は、目撃した犯罪の被害にあった場合と同水準とされた。[17] 2022年には、2022年7月1日以降に発生した犯罪に対する補償水準が2倍になった。[18]

2 犯罪被害補償の回収

犯罪被害補償の回収（加害者への求償作業）は、被害者に対する経済的支援を行うと同時に、加害者に責任を負わせることを目的としている。加害者が損害賠償金を支払うことは、被害者にとっては名誉回復となり、加害者にとっては自らが引き起こした損害に対して責任を取る機会であり、重要であることが強調されている。スウェーデンの犯罪被害補償金は、被害者には加害者との接触

---

16 https://www.brottsoffermyndigheten.se/om-oss/aktuellt/nyheter/brottsoffermyndigheten-30-ar-en-tillbakablick/（最終閲覧：2024年11月10日）

17 スウェーデンにおける面前DV罪については、拙稿「スウェーデンにおけるDV罪及び面前DV罪について」千葉大学法学論集39巻1号（2024年）29-47頁等参照ください。

18 https://www.brottsoffermyndigheten.se/om-oss/aktuellt/nyheter/brottsoffermyndigheten-30-ar-en-tillbakablick/（最終閲覧：2024年11月10日）

をさせずに、いち早く補償金を支払い、回収は国（強制執行庁）が行うという特徴がある[19]。

加害者からの回収率は増加しているが、その第一の理由は、2022年9月10日に施行された給与差押えに関する優先順位の変更に関する法改正によるところが大きい。犯罪に起因する損害賠償請求権が他の無担保債権よりも優先されるようになった[20]。その他、長年この業務を続けていることと、デジタル化もあるという。ここ数年、約1億クローナが犯罪被害補償金として支払われ、2024年現在、国が立て替えた額の3分の1が回収できている[21]。

3　知識センター

設立以来、犯罪被害者に関する問題の知識センターとしての役割に力を入れている。犯罪被害者に関する社会の知識を高め、それによって犯罪被害者がより良い保護、支援、治療を受けられるように貢献することを任務とする。トレーニングコース、講義、カンファレンス、ウェブサイト、プロジェクト等を行う[22]。この任務が犯罪被害者庁の存在意義の大きな1つであり、日本においても被害者庁が設立されるべき理由の大きな点である。以下にいくつかの具体例を挙げる。

（1）「法廷学校（Rettegångsskolan)」

犯罪被害者庁設立後に力を入れた企画の1つに、2004年の「法廷学校」がある[23]。これは裁判所に呼び出された犯罪被害者の安全を高めることを目的とした研修教材であったが、ウェブ上に特設コーナーを作り、裁判所はどのような場

19　強制執行庁については日本弁護士連合会犯罪被害者支援委員会『ノルウェー・スウェーデン・フィンランド犯罪被害者支援制度に関する調査報告書〜2014・2017 北欧調査結果〜』も参照ください。

20　Civilutskottets betänkande. 2021/22:CU20. Stärkt rätt till skadestånd för brottsoffer.

21　https://www.brottsoffermyndigheten.se/om-oss/aktuellt/nyheter/brottsoffermyndigheten-30-ar-en-tillbakablick/、https://www.brottsoffermyndigheten.se/om-oss/aktuellt/nyheter/fler-garningspersoner-betalar-sina-skadestand/（最終閲覧：2024年11月10日）。

22　同上。

23　当時は犯罪被害者庁のトップページに映像が置かれていた。現在は視聴することができないようである。

所で、裁判はどのように進み、被害者は裁判にどのように参加するかということが映像で易しく解説されていた。付添人への研修も実施していた。犯罪被害者の他、証人、家族、支援者、司法関係者を対象にしていた。

（2）「私は知りたい（Jag vill veta）」

2014年に、サイト「私は知りたい」が立ち上げられた。18歳未満の子ども達について、年齢層別に権利や支援について掲載されている。内容は主に犯罪とは何か、犯罪の被害者になったらどうなるのか、犯罪被害者の権利、支援を受ける先となっている。立ち上げ当初は、自身の年齢層をクリックすると、その年齢層にあった表現で解説を見ることができるようになっていたが、2024年4月に特設サイトとしてリニューアルされている。[24] 多言語でのパンフレットも用意されている。

（3）『小さいもの（Liten）』[25]

（2）から派生した子ども向けのキャラクターで絵本になっている。キャラクター Liten は小さい者（子ども）で、2人の大きい者（大人）Ena と Andra（両親のように思われるが、家族の多様性に配慮して性別も関係性もあえて描かれていない。）と暮らしている。大人2人が不仲となり、Liten は面前 DV に晒され、やがて片方が出て行ってしまい、もう一方と残される。Liten の様子の変化に周りの大人が気づき、Liten も勇気を出して状況を伝える。最後は「大きい者は小さい者の世話をするべきなのです。そうあるべきなのです。」と結ばれている。本書は子ども達が家庭内での暴力や不安を経験した際に、その感情や状況を理解し、表現する手助けをすることを目的としている。子どもの周りの大人が子ども達の心の声に耳を傾け、適切な支援を提供するためのツールとしても活用されており、本書の利用方法のガイドブックも作成されている。

（4）国際犯罪被害者の日（2月22日）

スウェーデンでは2002年から犯罪被害者庁が非営利団体の協力を得て、毎年ストックホルムで大規模な会議を開催している。[26]

---

24 https://www.jagvillveta.se/（最終閲覧：2024年9月8日）

25 chrome-extension://efaidnbmnnnibpcajpcglclefindmkaj/https://www.brottsoffermyndigheten.se/media/b3sfuaht/liten_0703.pdf（最終閲覧：2024年9月10日）

26 https://www.brottsoffermyndigheten.se/om-oss/aktuellt/arrangemang/internationella-br

（5）「自由意思で[27]」

　犯罪被害者庁の存在意義を示す代表的な活動と言える。スウェーデンでは、2018年に性犯罪が同意の有無によって決定されることとなった[28]。この性犯罪規定改正の際に政府から依頼を受け、インフルエンサーを起用し、国中に広報を行った。『自由意思によって――セックスは常に自発的なものであり、そうでなければ犯罪。ティーンエイジャーは限界がどこまでか知ってる？あなたは知ってる？』という冊子を作成し、2017年に性交同意年齢となる全ての子どもの保護者に冊子を送った。これは現在も、ウェブサイト上に「自由意思で」というコーナーとして残っており、「性的同意」についてクイズ形式で理解していくコーナー等もある。自身が任意でない性行為を行ってしまったのではないかと不安になる若者のための「気分が良くない時」というページがあることも大きな特徴である[29]。性犯罪の法律について教えるための教材も準備されている。法律を変えただけでは社会には届かない。特に大きな性犯罪の改正についてはこのようなことを担当する専門の省庁が不可欠であることがわかる。

4　犯罪被害者基金

　犯罪被害者庁設立の際に作られたものである。犯罪被害者基金の収入は、法定刑に拘禁刑が含まれる犯罪について有罪になった場合に300クローナを支払うという形で始められた。その後、額が500クローナに引き上げられ、2024年現在では、法定刑に罰金以上の刑を含む犯罪で有罪判決を受けた場合の一有罪ごとに600クローナを支払うこととなっている。電子監視装置となった者からも徴収することができる（2024年現在、1日あたり100クローナ、全期間で最大12000クローナ）。寄付も財源となっている。犯罪被害者基金は、被害者学研究プロジェクト、被害者支援団体、官民企業が実施するプロジェクトに提供されてい

---

ottsofferdagen/（最終閲覧：2024年12月10日）

27　https://frivilligtsex.se/（最終閲覧：2024年12月10日）

28　スウェーデンにおける性犯罪規定改正の詳細については拙稿「スウェーデン刑法における性犯罪規定の変遷」樋口亮介＝深町晋也編著『性犯罪規定の比較法研究』（成文堂、2020年）575-636頁参照ください。

29　https://frivilligtsex.se/prata-om-sex/nar-det-inte-kanns-bra/（最終閲覧：2024年12月10日）

る。応募者が申請書を提出する。2024年現在、年 2 回の申請を行うことができる。

V 新たな動きと課題

1 テロ対策

現在、スウェーデンは大きなテロの脅威にさらされている。2021年以降、犯罪被害者庁はテロ対策の国家窓口に指定されている。テロの被害に対しても犯罪被害者への支援、保護、補償に関する情報を伝えることに加え、EU 加盟国の被害者が明確かつ迅速に情報を受け取ることができるように、EU 内の連絡窓口と連絡を取ることが求められている。テロの被害者の家族も、特定の支援サービスや保護を受ける権利がある。EU には犯罪被害者指令とテロリズム指令がある[30]。

2 地域間格差

犯罪被害者庁は2023年中に、犯罪被害者に対する総合的な支援に関する調査を実施するよう委託され、2024年 6 月に報告書が出された。この報告書では、犯罪被害者に対する支援が国全体で同等ではないことが指摘された。大規模な自治体と小規模な自治体の間には大きな違いがあった[31]。

3 EU 指令

現在の EU には、2012年の EU 指令[32]と2020年から2025年の「犯罪被害者の権利に関する EU 戦略」があり、2025年に新たな指令が出される予定となっている。EU 内のどこでどのような状況で犯罪が発生したとしても、全ての犯罪被

---

30 https://www.brottsoffermyndigheten.se/utsatt-for-brott/sarskilda-brottstyper/terroristb rott/terroristbrott-och-offer-for-terrorism/（最終閲覧：2025年 1 月24日）

31 Brottsoffermyndigheten. *Samhällets samlade stöd till brottsoffer.*

32 Directive 2012/29/EU of the European Parliament and of the Council of 25 October 2012 establishing minimum standards on the rights, support and protection of victims of crime, and replacing Council Framework Decision 2001/220/JHA.

第 4 章　犯罪被害者庁の存在意義　163

害者がその権利を十分に享受できるようにするために、指令をさらに強化する提案がなされると思われる。スウェーデンにおいては犯罪被害者の地位が益々重要視されており、犯罪被害者庁の役割も益々大きくなっていくと思われる。[33]

4 損害賠償と犯罪被害補償金

2021年には、精神的損害に対する補償の引き上げ、遺族への新たな補償制度である「特別遺族補償」（非経済的損害についての補償）の導入、犯罪被害補償金の項で述べた給与差押えにおける優先順位の変更（犯罪に基づく損害賠償請求が他の無優先債権よりも優先される）等の権利強化が行われた。これに加え、現在、さらに大きな改正が議論されている。

犯罪被害者に対する補償制度は、第一に加害者からの損害賠償、次に保険会社からの補償、最後に犯罪被害に対する国家補償の相互作用に基づいている。犯罪被害に対する補償は、互いに補完する関係と考えられてきた。[34]

しかし、2020年以降、犯罪被害者の10人中7人は、強制執行庁から損害賠償金の全額を受け取ってはおらず、そのうちの半数近くは、全く受け取っていないことが示された。そこで、判決後、すぐに犯罪被害者庁にケースが回されることが議論されている。この方法が導入されればこれによってスウェーデンの損害賠償制度、犯罪被害者庁の役割は大きな変貌を遂げることとなる。現在、政府による調査委員会が立ち上げられ、2025年2月に報告書が提出される予定となっている。[35]

Ⅵ 犯罪被害者庁の必要性

スウェーデンにおいては1994年に設立された犯罪被害者庁が犯罪被害者政策を一手に担っている。冒頭で述べたように、スウェーデンでは犯罪加害者を扱う省庁として「矯正保護庁」、犯罪被害者を扱う省庁として「犯罪被害者庁」

---

33 https://www.brottsoffermyndigheten.se/om-oss/aktuellt/nyheter/forslag-till-starkta-rattigheter-for-brottsoffer/（最終閲覧：2025年1月25日）

34 Dir. 2023:94. Ersättningsregler för brottsoffer i fokus.

35 Prop. 2013/14:94, s.19

164 第2部 被害者支援の理論と展望

がいずれも司法省から独立する形で存在している。しかし、考えてみると、日本でも、ある集団に対する対策を1つの政府機関が担当するワンストップ方式は始まっており、最新の省庁は「こども家庭庁」であろう。こう考えると、犯罪被害者庁の設立は日本でも現実的なものだと思われる。

　犯罪被害者庁における対応は、スウェーデンにおいては高く評価され、その活動は拡大の一途をたどっている。北欧は高福祉国家で人口も少なく、日本に制度を導入することは難しいと言われることもあるが、犯罪被害者庁の担う役割はどれもどの国家においても実現可能性のあるものだと思われる。犯罪被害者庁設立の理由は、犯罪被害者の問題を専門に扱う組織として、犯罪被害者の権利、ニーズ、利益を促進することが必要ということである。これは被害者の権利のために活動する本書の筆者達にとって、何より現在の日本において強く求められるものではないだろうか。被害者問題は「他人事」ではなく、私達全員にとって「自分事」である。

第5章 日弁連犯罪被害者支援委員会の歩みと これからの展望

合間　利

Ⅰ　本章について

1　日弁連犯罪被害者支援委員会とは

　日本弁護士連合会（以下「日弁連」という。）は、弁護士の使命である基本的人権の擁護と社会正義の実現を全うするために多岐にわたる活動を行っており、それを実際に担っているのは、各地の単位弁護士会の弁護士等から構成された多数の委員会である。

　その委員会の中で犯罪被害者支援に関する唯一の委員会が犯罪被害者支援委員会（以下「本委員会」という。）となる。

　本委員会の設置要綱には、犯罪被害者等基本法及び犯罪被害者等基本計画の趣旨に基づき、①弁護士による犯罪被害者の支援を拡充するための活動、②民間支援組織等との協力関係を深めるための活動、③単位弁護士会の犯罪被害者支援相談窓口の運営の支援のための活動、④犯罪被害者支援制度に関する総合的な調査、研究、提言、立法に向けた活動が目的として定められている。

2　これから記すこと

　犯罪被害者支援に関する活動は、携わる人も内容も極めて多岐にわたる。

　その中で、日弁連の委員会という一般にはわかりにくいであろう弁護士の集まりである本委員会が、どのように犯罪被害者支援に関わり、どのような活動を行ってきたのか、そしてこれからどのようなことを目指していきたいのかについて紹介したい。

　なお、本章は執筆者が一弁護士の立場からみた委員会の姿であり、日弁連の

委員としての意見ではないので、念のため付言する。

Ⅱ 犯罪被害者支援委員会の歩み

1 設立の経緯

1949（昭和24）年に設立された日弁連において、被疑者・被告人の権利擁護活動は中心的な活動であるものの、犯罪被害者支援が語られることは決して多くはなかった。

1995（平成7）年に発生した地下鉄サリン事件などを契機に、社会において犯罪被害者支援に注目が集まり始める中、日弁連においても、1997（平成9）年4月犯罪被害回復制度等検討協議会が設置され、1999（平成11）年10月「犯罪被害者に対する総合的支援に関する提言」が採択された。そして、1999（平成11）年11月犯罪被害者対策委員会（2000（平成12）年9月犯罪被害者支援委員会に改称）が新設され、日弁連としても被害者支援に積極的に取り組むことになったのである。

社会では、2000（平成12）年5月にいわゆる犯罪被害者保護二法、2004（平成16）年12月には犯罪被害者等基本法（平成27年法律第66号）が成立し、2005（平成17）年12月には犯罪被害者等基本計画が閣議決定された。2008（平成20）年12月には被害者参加制度、損害賠償命令制度及び国選被害者参加弁護士制度の運用が開始された。

本委員会は、まさに日本において新たな犯罪被害者支援の体制が創設され始めたことと軌を一にして、その歩みを始めたのである。

2 本委員会設立当初の活動

（1）経験交流集会や人権擁護大会シンポジウムの開催

本委員会設立当初、弁護士として被害者支援をどのように行うのかは手探りの状態であった。

そのため全国の弁護士の経験を蓄積し被害者支援のあり方を検討し、各地に犯罪被害者支援を広げていくために、現在でも年に1回全国各地で開催されている犯罪被害者支援全国経験交流集会の第1回が、2000（平成12）年8月大阪

において開催された。

　また、2003（平成15）年10月には本委員会の委員が中心となり、日弁連が主催する第46回人権擁護大会のシンポジウムにおいて「あなたを一人にしない！——犯罪被害者の権利の確立とその総合的支援をめざして」と題するシンポジウムを開催し、犯罪被害者等基本法の制定や経済的支援の拡充、刑事訴訟手続への被害者等への参加についての議論を求める「犯罪被害者の権利の確立とその総合的支援を求める決議」が採択された。[2]

（2）新たな制度への対応

　被害者参加制度や損害賠償命令制度の創設については、本委員会の委員が、その法制化を議論する法制審議会の部会の委員として参加し、法制化に向けた議論に関与した。2007（平成19）年６月に刑事訴訟法等の一部改正（平成19年法律第95号）の形で被害者参加制度や損害賠償命令の創設が決まると、2008（平成20）年には全国９ヶ所で被害者参加制度の研修などを行う全国キャラバンを実施し、同年10月には「被害者参加に関するシンポジウム」も開催した。2009（平成20）年には「被害者参加弁護士の業務に関するハンドブック」を作成・配布するなど、被害者参加弁護士をはじめとする新たな被害者支援の制度について、弁護士の立場から円滑な導入に努めた。

　ただ、日弁連全体では、2007（平成19）年５月に「犯罪被害者等が刑事裁判に直接関与することができる被害者参加制度に関する意見書」が公表され、「現時点において直ちに被害者参加制度を導入することは刑事裁判の本質に照らし将来に取り返しのつかない禍根を残すことになると思料する」とされた。[3]日弁連という組織の中で、被害者参加という制度が望まれない中、本委員会が

1　毎年１回開催され、日弁連の人権擁護活動の報告、人権問題に関する宣言・決議が採択される。この大会にあわせて重要な人権問題をテーマにシンポジウムが開催されている https://www.nichibenren.or.jp/jfba_info/organization/event.html（最終閲覧：2024年12月19日）

2　犯罪被害者の権利の確立とその総合的支援を求める決議　https://www.nichibenren.or.jp/document/civil_liberties/year/2003/2003_4.html（最終閲覧：2024年12月19日）

3　犯罪被害者等が刑事裁判に直接関与することができる被害者参加制度に対する意見書 https://www.nichibenren.or.jp/document/opinion/year/2007/070501.html（最終閲覧：2024年12月19日）

168　第２部　被害者支援の理論と展望

果たした役割には大きなものがある。

（3）その他の活動

本委員会は、その他にも、一定の被害者が少年審判傍聴を行うことができる等の内容を含んだ少年法の一部改正への対応、2006（平成18）年11月に「犯罪被害者に対する経済的支援拡充に関する意見書」を日弁連の意見書として公表し、現在でも課題として残る犯罪被害者の経済的補償を十分に行うべきとの提言を行うなど、犯罪被害者支援の充実に向けての取り組みを継続していた。

3　被害者参加制度等の導入後の活動

（1）弁護士による犯罪被害者支援の定着

2004（平成16）年12月の犯罪被害者等基本法制定以降、犯罪被害者支援の体制はより充実してきており、2008（平成20）年12月の被害者参加制度、国選被害者参加制度の運用開始によって、法廷での犯罪被害者支援を弁護士が行えるようになり、特に刑事手続における弁護士による犯罪被害者支援は徐々に定着していった。

（2）犯罪被害者支援活動の停滞

しかし、2011（平成23）年に閣議決定された第二次犯罪被害者等基本計画において検討が求められた経済的支援の拡充・創設やカウンセリングに関する公費負担が具体的な成果に至らないなど、犯罪被害者支援をめぐる議論に停滞がみられるようになった。

犯罪被害者支援に携わることで見えてきた、縦割り行政の弊害、経済的支援・日常生活支援・精神的支援の不十分さなど、いまだに残る多くの課題を少しでも克服していかなければならないという問題意識が本委員会でも意識され、それがその後の本委員会の活動に繋がっていくことになる。

（3）犯罪被害者庁と北欧視察

本委員会が着目したのが、犯罪被害者支援を専門的に扱う独立した省庁として北欧（特にノルウェー・スウェーデン）に例のある犯罪被害者庁であった。

4　犯罪被害者等に対する経済的支援拡充に関する意見書　https://www.nichibenren.or.jp/document/opinion/year/2006/061122.html（最終閲覧：2024年12月19日）

2014（平成26）年9月には、ノルウェー・スウェーデンに赴き、両国の犯罪被害者庁及び犯罪被害者施策の調査を行い、2015（平成27）年10月には「日本で犯罪被害者庁をつくるなら」を題するシンポジウムを開催するなど、犯罪被害者庁という存在を日本に知らしめる先鞭をつけた。

（4）犯罪被害者支援に関する意見書の公表

本委員会は、被害者庁の調査・研究と並行して、犯罪被害者支援のための具体的な提言も行っていた。

2012（平成24）年3月には、国費による犯罪被害者支援弁護士制度の導入に向けての問題提起として「被害者法律援助制度の国費化に関する当面の立法提言」を日弁連の意見書として公表し、2013（平成25）年4月には、当時は全国に10か所も存しなかったワンストップ支援センターを必要される数を設置することや、国の財政支援を求める「性犯罪・性暴力被害者のためのワンストップ支援センターの設置に関する意見書」を日弁連の意見書として公表した。

（5）第60回人権擁護大会におけるシンポジウムの開催

犯罪被害者支援をめぐる議論の停滞を打破し、前記（4）の意見書で示されているような具体的な課題へ取り組んでいくための契機として、本委員会の委員を中心として、2回目の北欧調査（2回の北欧調査の内容は「ノルウェー・スウェーデン・フィンランド　犯罪被害者支援制度に関する調査報告書」に詳しい）や約1年の調査・研究を行った上で、2017（平成29）年10月に開催された第60回人権擁護大会において「あらためて問う『犯罪被害者の権利とは』〜誰もが等しく充実した支援を受けられる社会へ〜」と題するシンポジウムを開催した。そ

5　ノルウェーの被害者庁にあたる暴力犯罪補償庁の支援局長のリータ・ヘニー・バッケン氏や広報官のイーヴァル・アンドレ・ホルム氏の登壇も得た。

6　被害者法律援助制度の国費化に関する当面の立法提言　https://www.nichibenren.or.jp/document/opinion/year/2012/120315_12.html（最終閲覧：2024年12月19日）

7　性犯罪・性暴力被害者のためのワンストップ支援センターの設置に関する意見書　https://www.nichibenren.or.jp/document/opinion/year/2013/130418_2.html（最終閲覧：2024年12月19日）

8　ノルウェー・スウェーデン・フィンランド　犯罪被害者支援制度に関する調査報告書　https://www.nichibenren.or.jp/library/ja/committee/list/data/norway_sweden_finland_report.pdf（最終閲覧：2024年12月19日）

170　第2部　被害者支援の理論と展望

して、同大会で「犯罪被害者の誰もが等しく充実した支援を受けられる社会の実現を目指す決議」が採択されたのである[9]。

この決議は、犯罪被害者は「個人の尊厳が重んぜられ、その尊厳にふさわしい処遇を保障される権利」の主体であることを確認した上で、国や地方公共団体の責務として、①損害回復の実効性を確保するための必要な措置、②犯罪被害者に対する経済的支援の充実、③公費による被害者支援弁護士制度の創設、④病院拠点型ワンストップ支援センターの設立と財政支援、⑤全地方公共団体における犯罪被害者支援条例の制定、といった犯罪被害者支援施策の充実を求めると共に、弁護士においても犯罪被害者支援活動をより一層拡充させ、国内で一元的な支援の提供を可能とする犯罪被害者庁の創設に向けて議論を深めていくことを内容とするものであった。

4　第60回人権擁護大会後の活動

（1）さらなる具体的な活動へ

本委員会は、前記の人権擁護大会での決議において示された5つの課題について、ただ宣言するだけでなく、それが具体的な成果につながるべく活動していくことになる。

本委員会において5つの課題ごとにPTが設置され、その課題解決に向けて検討すると共に、本委員会が各単位弁護士会の委員に向けての情報発信・意見交換の場となった。特にワンストップ支援センターや犯罪被害者支援条例が各地で設立・制定されるための一助となるべく努めた。

（2）ワンストップ支援センター

その形態は各地で多様であるが、2018（平成30）年10月には全都道府県に性犯罪・性暴力被害者のためのワンストップ支援センターが設置された。その設立には、多くの場合、本委員会及び各単位弁護士会の犯罪被害者支援に関わる委員会の委員が関与し、またその後の運営や弁護士との連携にも携わっている。

9　犯罪被害者の誰もが等しく充実した支援を受けられる社会の実現を目指す決議　https://www.nichibenren.or.jp/document/civil_liberties/year/2017/2017_1.html（最終閲覧：2024年12月19日）

2019（平成31）年1月には「医療の現場から見た性犯罪・性暴力被害者のためのワンストップ支援センターの現状と課題」と題するシンポジウムを開催し、体制面（病院拠点型か否かなど）や財政面の課題について報告や議論がなされた。[10][11]

さらに、2023（令和5）年には、全国のワンストップ支援センターに対し性犯罪・性暴力の男性被害者の支援に関するアンケートを実施し、その結果を公表している。[12]

（3）犯罪被害者支援条例

犯罪被害者支援に関する内容に特化した条例（いわゆる特化条例）[13]は、ほぼ全ての都道府県において制定され、市町村においても特化条例制定の動きは広がっている。

これは、各地の支援者、支援団体、行政等多くの人達の努力の結果であることはもちろんである。ただ、本委員会においても、各地の条例制定の経緯や現状、その内容、条例制定向けて各地で取り組んでいる方策などについて情報交換を行い、その情報も踏まえて各単位弁護士会の委員会や各委員が、条例制定に向けて精力的に活動した成果の一つということができる。

（4）被害者支援弁護士

2019（令和元）年11月「国費による犯罪被害者支援弁護士制度の導入を求める意見書」を日弁連の意見書として公表し、[14]本委員会は、被害者支援弁護士制

10　総合病院等の病院内にワンストップ支援センターが設置されたものを病院拠点型という。

11　日弁連新聞第542号「医療の現場から見た「性犯罪・性暴力被害者のためのワンストップ支援センターの現状と課題」」https://www.nichibenren.or.jp/document/newspaper/year/2019/542.html（最終閲覧：2024年12月19日）

12　性犯罪・性暴力被害者のためのワンストップ支援センターにおける男性被害者の支援に関するアンケート取りまとめ　https://www.nichibenren.or.jp/library/pdf/activity/human/victim/one_stop_questionnaire.pdf（最終閲覧：2024年12月19日）

13　条例の一部に犯罪被害者支援に関する規定が存するのではなく、犯罪被害者支援のための実効的な事項を盛り込んだ、もっぱら犯罪被害者支援に関する事項について定めた条例を特化条例という（国家公安委員会・警察庁編『令和5年版　犯罪被害者白書』（2023年）72頁参照）。

14　国費による犯罪被害者支援弁護士制度の導入を求める意見書　https://www.nichibenren.or.jp/document/opinion/year/2019/191122_2.html（最終閲覧：2024年12月19日）

度の創設に向けて具体的な活動を開始した。

　本委員会から政治家や行政に必要性を訴えかけたことなどによって2020（令和2）年7月から法務省において犯罪被害者支援弁護士制度検討会の開催に至ったが、犯罪被害者支援弁護士制度の創設に向けた結論には至らなかった。しかし、引き続き本委員会において活動を続けた結果、2021（令和3）年10月から、法務省において犯罪被害者支援弁護士制度・実務者協議会が開催され、全14回の会議を経て、2023（令和5）年4月には、犯罪被害者支援弁護士制度を創設する方向でのとりまとめに至った。

　そして、2024（令和6）年4月には、総合法律支援法の一部を改正（令和6年法律第19号）する形で国費による犯罪被害者支援弁護制度の創設が決まったのである。

　本章執筆時点（2024（令和6）年12月）では、この制度の具体的内容について協議が続けられているところであるが、本委員会において、より良い制度とすべく粘り強く協議を続けている。

　また、制度施行後は、本委員会としても、犯罪被害者支援弁護士の質と量を確保する責任を担い、必要に応じて制度を見直していくための活動を行っていく必要も生じるであろう。

（5）損害賠償の実効性の確保・経済的支援の拡充

　損害回復の実効性を確保するための必要な措置と犯罪被害者に対する経済的支援の充実という課題については、犯罪被害者等補償法の制定を目指す活動に集約して対応している。

　2023（令和5）年3月に、加害者に対する損害賠償請求により債務名義を取得した犯罪被害者等への国による損害賠償金の立替払制度と加害者に対する債務名義を取得することができない犯罪被害者への補償制度を2つの柱とする「犯罪被害者等補償法制定を求める意見書」を日弁連の意見書として公表し、[15]2023（令和5）年8月には「いまこそ犯罪被害者のための補償法をつくろう」と題するシンポジウムを開催した。

15　犯罪被害者等補償法制定を求める意見書　https://www.nichibenren.or.jp/document/opinion/year/2023/230316_6.html（最終閲覧：2024年12月19日）

シンポジウムには政治家など多くの方々にご参加いただき、犯罪被害者等補償法制定を求めていく活動の第1歩を踏み出したところである。

なお、2023（令和5）年8月に始まった警察庁における犯罪被害者給付制度の抜本的強化に関する有識者検討会（本委員会の委員も構成員として参加）において、国による立替払制度の導入も議論されたが、取りまとめにおいては検討課題にとどまった。

5　多様な本委員会の活動

本委員会の活動は、前記のような人権擁護大会の決議に基づく活動だけではなく、日弁連の内部的な対応も含めて多岐にわたる。

以下では、近時の主なものについて紹介する。

（1）法制審議会部会や法務省等の検討会の委員等のバックアップ

日弁連には、法務省等の政府から法制審議会の部会や法務省等の検討会の委員や幹事、構成員等の推薦依頼があるが、それが犯罪被害者に関するものである場合、本委員会の委員が推薦の対象となることがある。

その場合には、本委員会でバックアップチームを組んで、法制審議会の部会等に出席する委員等と共に、その会議の課題について調査・検討・協議を行い、時には本委員会全体で議論を行っている。

実際に会議に出席する委員はもちろん、その委員を通じた形ではあるが本委員会としても、政府の具体的な被害者支援の施策に関与し、より良い被害者支援施策となるために努めている。

（2）各単位弁護士会の情報交換等

全国に52ある単位弁護士会には、全て（名称はそれぞれ異なるが）犯罪被害者支援に関わる委員会が存し、その委員会から本委員会の委員が派遣されている。

その特質を生かし、被害者参加制度が円滑かつ被害者にとって有益な形で運用されるように情報交換を行い、また、各地の実情に応じて様々な犯罪被害者支援が実施されている中、特徴的なものや先進的なもの等、様々な取り組みが報告されている。そして、この情報交換が他の単位弁護士会の活動に生かされていることは多い。

174　第2部　被害者支援の理論と展望

一例をあげれば、他機関、具体的には、警察、検察、被害者支援センター、ワンストップ支援センターと弁護士会が被害者支援の面でどのように連携していくのかについて、様々な事例が各委員から報告され、各単位弁護士会において連携が進展していったと評価できる。

（3）事件報道に対する対応

犯罪被害者が、事件報道でさらに傷つくことは、メディアスクラムが生じた場合だけに限らず、望みもしないのに被害者の氏名やプライバシーが明かされることによって生じている。

表現の自由ともからむ問題ではあるが、報道機関とも意見交換を行うなどした上、2023（令和5）年12月には「報道機関に対し、犯罪被害者等の尊厳及びプライバシーを尊重して、その置かれている状況や意向に十分配慮することを求める意見書」を日弁連の意見書として公表した。[16]

（4）京都コングレス・サイドイベントの開催

本委員会は、被害者支援について、日本の状況を紹介し、諸外国の状況を共有して、被害者の刑事手続への参加とリーガルアクセスを進めるため、2021（令和3）年3月第14回国連犯罪防止刑事司法会議（京都コングレス）において、「被害者の刑事手続への参加とリーガルアクセス」と題したサイドイベントを開催した。[17]

Ⅲ これからの展望

1 緒 論

本委員会は、犯罪被害者支援の多くの課題について取り組んできた。

しかし、当然ではあるが犯罪被害者支援に終わりはない。犯罪被害者支援条例が制定された後は、それを実のあるものにすべく各地方において弁護士会を

---

16 報道機関に対し、犯罪被害者等の尊厳及びプライバシーを尊重して、その置かれている状況や意向に十分配慮することを求める意見書　https://www.nichibenren.or.jp/document/opinion/year/2023/231214_5.html（最終閲覧：2024年12月19日）

17 「被害者の刑事手続への参加とリーガルアクセス」報告書　https://www.nichibenren.or.jp/library/pdf/event/year/2022/higaisha_houkokusho.pdf（最終閲覧：2024年12月19日）

含めた多機関での連携の強化が求められるであろうし、民間支援団体である被害者支援センターやワンストップ支援センターの人的・物的体制面の充実、財政面の強化は、10年来その解決が求められている課題である。

本委員会は、全国から犯罪被害者支援に熱意のある弁護士が集まっており、これからも犯罪被害者支援活動に熱心に取り組んでいくことに疑いはなく、残された課題を克服し、わずかでも、半歩でも具体的な成果につなげていくことが期待される。

2　取り組むべきテーマ

本委員会が、これから何に取り組んでいくのか、本章の執筆者が決められることではもちろんないが、個人的に考えるテーマについてここでは記したい。

第1は犯罪被害者等補償法制定である。

2024（令和6）年6月の閣議決定により犯罪被害者等給付金の最低額等は引き上げられたが、犯罪被害者の経済的損害の回復は決して十分なものではない。財源など克服すべき課題は多いが、犯罪被害者に対する経済的支援の必要性に疑いはない。公表した意見書を基に、多方面の関係者とも協議するなど継続的で地道な活動を行い、実際の制度創設を果たしていきたい。

第2は犯罪被害者庁の設立である。

本委員会が犯罪被害者庁設立という言葉を口にしてから既に10年以上が経過し、耳慣れなかった単語も、最近では報道等でも目にするようになった。[18]

本委員会は、これまで犯罪被害者庁の土台となるべき被害者支援制度の充実に力を尽くし、10年前からすれば被害者支援に関する制度は拡充してきており、一定の成果を挙げることはできたといえる。ただ、前記の犯罪被害者等補償法の問題も含め、個別の制度改革だけでは解決が困難であろう課題は多く、改めて犯罪被害者庁の設立に正面から向き合うべき時期に来たのではないかと思われる。

もちろん、新たな省庁を求めるには、設立の必要性を論じるだけでは足り

18　産経新聞「犯罪被害者庁が必要だ」論説副委員長　長戸雅子　https://www.sankei.com/article/20240420-3DBWRW3QBVMNDMSPG4Q266MSVM/（最終閲覧：2024年12月19日）

ず、なにより、犯罪被害者庁という具体的な像を示していく必要がある。

　あるいは、夢のような話かもしれないが、作ろうと誰かが動き出さなければ現実には決してならない。その動き出す存在の一つに本委員会がなることができると信じている。

参考文献
- 日本弁護士連合会　犯罪被害者支援員会設置20周年記念シンポジウム「日弁連の犯罪被害者支援　10年間の歩みと今後の課題」（2010年）
- 日本弁護士連合会犯罪被害者支援委員会　犯罪被害者支援員会設置20周年記念シンポジウム報告書「当たり前の被害者支援へ、20年とこれから」（2020年）https://www.nichibenren.or.jp/library/ja/committee/list/data/higaishashien_20thhoukokusho.pdf（最終閲覧：2024年12月19日）

第6章	犯罪被害者支援の「これまで」と「これから」

――日本弁護士連合会の活動を中心として

有田　佳秀

　これからの犯罪被害者支援を考えるには、まずはこれまでと現状について考えるべきである。

Ⅰ　犯罪被害者支援のこれまで

　犯罪被害者支援の法制度が積極的に制定されるようになったのは、日本ではたかだかこの20数年前からであるといって過言ではない。

　諸外国においても、当初は、加害者に対しての刑事手続上の権利の補償が中心に議論され、刑事政策の主眼も加害者に置かれた。ただ、徐々に、犯罪被害者の精神的苦痛、経済的損失などの悲惨な状況が明らかになってきた。そこで、1963年、ニュージーランドで犯罪被害者等への補償法が制定され、翌年イギリスでも同様の法律が制定された。

　1980（昭和55）年、日本でも、「犯罪被害者等給付金支給法」（昭和55年法律第36号）が制定され、1981（昭和56）年には、「犯罪被害者救援基金」が設立された。これらの制定、設立には警察庁が主導的役割を果たした。その後、2000（平成12）年に至り、やっと「犯罪被害者保護二法」が制定され、同法では、刑事裁判における犯罪被害者の保護等の制度などが規定された。2001（平成13）年に「犯罪被害者等給付金支給法（以下、犯給法）」が改正され、2004（平成16）年、犯罪被害者の悲願であったともいえる「犯罪被害者等基本法」（平成16法律第61号）が成立した。この法律は、犯罪被害者施策の基本理念を定め、国、地方公共団体及び国民の責務を明らかにして、犯罪被害者施策の基本事項等を定めることにより、犯罪被害者のための施策を総合的かつ計画的に推進し、もっ

178

て犯罪被害者の権利利益の保護を図ることを目的としている（1条）。

そして、2005（平成17）年には、「犯罪被害者等基本計画」（5年ごとに、第2次、第3次と続く）が策定された。

これによって、①損害回復・経済的支援等の取り組み、②精神的・身体的被害の回復・防止への取り組み、③刑事手続への関与拡充への取り組み、④支援等のための体制整備への取り組み、⑤国民の理解の増進と配慮・協力の確保への取り組みの5つが重点課題とされた。

2007（平成19）年には、「犯罪被害者等の権利利益の保護を図るための刑事訴訟法等の一部を改正する法律」（平成19年法律第95号）が成立し、①「犯罪被害者等が刑事裁判に直接関与することのできる制度」（被害者参加）②「犯罪被害者の情報保護」③「損害賠償請求に関し刑事手続の成果を利用する制度」（損害賠償命令）④「公判記録の閲覧及び謄写の範囲の拡大」を内容とする。2009（平成21）年5月21日に裁判員裁判が始まったが、2008（平成20）年12月より①、②及び③が開始した。

同年、犯罪被害者等の権利利益の保護を図るための刑事手続に付随する措置に関する法律及び総合法律支援法の一部を改正する法律（平成20年法律第19号）により、国選被害者参加弁護士制度が創設された。

2008年（平成20年）改正少年法で、少年事件審判傍聴制度ができた。

以上のように、10年ほどの間で、犯罪被害者支援施策、制度は急激ともいえる前進を果たした。

■ 2017（平成29）年時点の状況と課題

上述のように犯罪被害者支援について一定の前進をした。しかし、まだ不十分であると思われていたところ、日本弁護士連合会（以下「日弁連」。）犯罪被害者支援委員会では、犯罪被害者の支援に関する法・制度はそれなりにできたが、十分ではない。この10年ほど被害者支援は足踏み状態であり、停滞状況にある。これを打破し前進させなければならないという考えに至った。

そして、同委員会では、犯罪被害者支援の現状を調査・検討し、それに基づき被害者支援はこれからどうすべきか、どうあるべきかを訴える必要があると

考えた。

まず、①損害賠償命令制度により債務名義の取得は簡易になったものの、債権回収の実効性を確保するための方策が十分でないため、損害回復の実をあげているとは評価できない[1]。

判決などにより債務名義が取得できても、加害者に資力がないため強制執行をしても功を奏さない、強制執行しようにも加害者の財産の補捉が容易でない、確定判決を得ても、10年で時効にかかってしまう、時効をとめるためには再訴しなければならず、印紙代等の負担が大きい、などである。

さらに、②犯罪被害給付制度の拡充は一定程度図られたが、犯罪被害者等給付金は社会の連帯共助の精神より支出されるものとされ、犯罪被害者の権利としては認められていない。そもそも、我が国の犯給法による給付が少なかった。日本の2013（平成25）年度の支給金額は約12億3300万円であったが、同年のノルウェーは、約74億3000万円である[2]（ノルウェーの人口は約 510万人で日本の約25分の1である。）。

さらに、③犯罪被害者が刑事手続に関与できるようになったとはいえ、事件発生直後から公費で被害者支援弁護士を選任する制度は実現されていない。

犯罪直後から、被害者・被害者遺族には損害が生じ、様々の問題に直面する。考えられる損害あるいは直面する問題をざっとあげてみても、・治療費・遺体運搬費・カウンセリング費用・引っ越し、そのための費用　・自宅の清掃費用・介護費用・付き添い費用・行政等への手続、そのための費用・マスコミ対応・当面の生活費・被害者や家族の休業損害・逸失利益・精神的損害・加害者により破壊された被害者所有物の修理費ないし同等の物の購入費・自宅の改造費用（後遺障害により歩行が不能ないし困難となったとき）・被害現場を通らないようにするために別の交通機関を利用する場合の交通費・弁護士費用（刑事・

1　「損害賠償請求に係る債務名義の実効性に関するアンケート調査」を2015（平成27）年、2018（平成20）年の2回にわたり行い、特に生命身体犯について債務名義が実効性あるものではないという調査結果であった（https://www.nichibenren.or.jp/library/ja/committee/list/data/songaibaishouseikyuu_saimumeigi_questionnaire.pdf（最終閲覧：2024年8月14日））。

2　齋藤実「北欧における犯罪被害者政策——犯罪被害者庁を中心として」被害者学研究29号（2019年）90頁によると、同年、5億3079万4300ノルウェークローナが支払われた。

180　第2部　被害者支援の理論と展望

民事・行政手続等）・訴訟費用などの問題がある。

これらの問題をどこに訴え、あるいは申し入れるのかさえわからない被害者・被害者遺族は数多く存在する。

そんなときに、まずは相談に応じ、必要な手続きを助けてくれる国費による弁護士がいれば、被害者・被害者遺族の不安・困難は大きく軽減されることになるのは間違いない。

また、④性犯罪・性暴力の被害については、被害の訴えが長年月経過後であったり、誰にも相談できず、暗数化しやすいなどの特殊性がある。そのような、性犯罪・性暴力の被害者の精神的・身体的負担を軽減するには、そこに行けば必要十分な支援を受けられるワンストップ支援センターが不可欠であるにもかかわらず、2017（平成29）年6月の時点では8県でワンストップ支援センターが設置されていなかった。

さらに、⑤生活支援を含めたきめ細かい支援を実現するためには、犯罪被害者が生活基盤を置く地方公共団体による支援が必要になるところ（犯罪被害者等基本法1条）、その法的根拠となる条例の整備はまだまだ不十分であった。

都道府県レベルでは、2017（平成29）年10月の時点では、秋田、宮城、山形、神奈川、富山、静岡、奈良、岡山、佐賀の9県が、独立した犯罪被害者支援条例を制定していただけであった。

条例を制定することにより、支援の質と継続性を担保、安定的で普遍的な支援、行政職員の意識や能力の向上、住民の理解、安心、予算措置が講じやすくなる。これら条例制定の有益性、必要性が理解されていないことが原因であった。

このような現状を踏まえ、日弁連（犯罪被害者支援委員会）は、この状況を打破するため、2017（平成29）年10月の日弁連人権擁護大会において、「あらためて問う『犯罪被害者の権利』とは〜誰もが等しく充実した支援を受けられる社会へ〜」とのテーマでシンポジウムを行い、「犯罪被害者の誰もが等しく充実した支援を受けられる社会の実現を目指す」決議を採択した。

---

3 https://www.nichibenren.or.jp/document/civil_liberties/year/2017/2017_1.html（最終閲覧：2024年8月14日）

①犯罪被害者が民事訴訟等を通じて迅速かつ確実に損害の賠償を受けられるよう、損害回復の実効性を確保するための必要な措置を執ること。

②犯罪被害者等補償法を制定して、犯罪被害者に対する経済的支援を充実させるとともに、手続的な負担を軽減する施策を講じること。

③犯罪被害者の誰もが、事件発生直後から弁護士による充実した法的支援を受けられるよう、公費による被害者支援弁護士制度を創設すること。

④性犯罪・性暴力被害者のための病院拠点型ワンストップ支援センターを、都道府県に最低1か所は設立し、全面的な財政的支援を行うこと。

⑤全ての地方公共団体において、地域の状況に応じた犯罪被害者支援施策を実施するための、犯罪被害者支援条例を制定すること。

そして、現在の縦割り行政の弊害をなくし、一元的・統合的な被害者支援ができる省庁としての、「犯罪被害者庁」の設立が必要であることも訴えた。

Ⅲ　その後、現在（2024（令和6）年6月）までの進展と残されている課題、問題

　これからの被害者支援はどうあるべきか、について、「被害者支援を充実、強化する」と抽象的にいってもダメで、具体的に目標を設定していかなければならない。上記の提言を実現すべく日弁連の委員会では、国選被害者支援弁護士制度や補償法制定などについての意見書を作成し、日弁連の意見として発表をするだけでなく、2017（平成29）年人権大会において提言をした5つの項目の実現を目指した活動を続けてきた。

　もちろん、日弁連の活動だけではなく、各種被害者支援団体等の被害者支援の運動の効果によりそれなりの成果があがった。

　まず、①の「損害回復の実効性確保」の問題については、残念ながら2017（平成29）年当時から進展がない、と言わざるを得ない。

　②「経済的支援」の問題については、一応の進歩があったといえるだろう。犯罪被害者等給付金の支給等による犯罪被害者等の支援に関する法律施行令の一部を改正する政令（令和6年政令第207号）が閣議決定され、同月15日から支給額の引き上げが行われることになった。

この問題については、警察庁所管の犯罪被害者等施策推進会議において議論が進められ、給付金の算定方法の見直し、仮給付制度の運用改善、算定基礎額の引き上げ、遺族給付金の最低額の引き上げなどが行われることとなった。

　これにより、これまでより給付額の増加が見込まれるが（数億円程度）、まだ十分とはいえない。前述したように、我が国の給付額はもともと極めて少ないのである。本当の意味で被害者・被害者遺族の損害を填補するにはいわゆる「犯罪被害補償法」が必要である。

　すなわち、被害者・被害者遺族に対し、その損害を賠償すべきは加害者であることは当然である。現在民事訴訟や損害賠償命令等加害者に対し、損害の賠償を求めていく法制度は存するものの、加害者に資力がないことがほとんどであり、実際に支払われることは少なく、結局、判決などにより債務名義を得たとしても被害者にとっては絵に描いた餅を受け取るに過ぎないことが多い。そこで、このような場合、国が立て替えて損害金を被害者・被害者遺族に支払い、それを加害者に求償する法制度を作ってはどうかと考えるのである。後に述べるようにスウェーデンやノルウェーはこれを制度化している。国柄はちがうとはいえ、参考になる。

　③2024（令和6）年4月18日、犯罪被害者の遺族・被害者を事件直後から一貫してサポートする「犯罪被害者支援弁護士制度」の創設を柱とする改正総合法律支援法（令和6年法律第19号）が成立した。

　これまで日弁連が、会員から特別会費を徴収しそれを財源に法テラスに委託して援助事業を行ってきたが、これが国の制度となるわけである。

　現在2年後の実施をめざして制度の細目について、法務省、法テラス、委員弁護士（日弁連）との協議会が行われている。

　④性暴力・性犯罪被害者のためのワンストップ支援センターが、現在全都道府県で設置されている。ただ、病院拠点型が少ないことや（全国に8カ所だけ）、既設のワンストップ支援センターにおいても、その支援内容に付き問題が山積している。

4　https://www3.nhk.or.jp/news/html/20240425/k10014432741000.html（最終閲覧：2024年8月14日）

「ワンストップ支援センター」であるというには、急性期の医療支援（証拠採取を含む）がなされるべきであるのは当然のこと、その後の継続的な医療支援やその他の支援につなぐことは必要不可欠である。その意味で病院拠点型であることが必要である。

拠点病院がない場合は、相談が入るたびに、連携病院のなかから、即時対応してくれる病院を探さなくてはならないし、その病院に被害者を連れて行かなければならない。これが、被害者にとって、支援員にとって大きな負担であることは間違いない。

さらに、支援員の確保・待遇の問題、結局は財政的な負担の問題もある。

ワンストップセンターの先駆けであり、模範ともいえる存在であるNPO法人「性暴力救援センター・大阪（SACHICO）」が、2024（令和6）年6月7日、このまま民間病院を拠点とし、ボランティアに頼る現在の運営を続けることができず、新たな拠点病院を公立病院へ置くことを求める要望書を大阪府に提出した。[5]

日弁連は、すでに、2013（平成25）年4月18日付けで「性犯罪・性暴力被害者のためのワンストップ支援センターの設置に関する意見書[6]」を出しているが、そこでは、1、国は地方公共団体と協力して①総合病院内に拠点を有する「病院拠点型」のワンストップ支援センターを都道府県に最低1カ所②病院拠点型を併せて「相談センター拠点型」及び「相談センターを中心とした連携型」のワンストップ支援センターを含め女性20万人につき1カ所を設置すべきである、ということと、2、国はワンストップ支援センターの設置に対し、全面的に財政的支援をすべきであると訴えている。本来、国あるいは地方公共団体が設置するか、できないのであれば国が財政的援助をすべきことなのである。

⑤条例については、2017（平成29）年以降現在までに、福岡、大分、滋賀、和歌山ほかで制定が続き、都道府県レベルでは、2024（令和6）年6月時点で、

5　https://www.asahi.com/articles/ASS672PGMS67PTIL004M.html（最終閲覧：2024年8月14日）

6　https://www.nichibenren.or.jp/document/opinion/year/2013/130418_2.html（最終閲覧：2024年8月14日）。

鳥取県を除く全都道府県で被害者支援に特化した条例が制定され、その他各市区町村においても続々と制定されている。

前述の再訴のための印紙代等の費用を助成する制度を2024（令和6）年4月に三重県が導入しており、この制度は他の地方公共団体にも広がっている。その他、見舞金、県営・市営住宅への優先的入居を認めることなどを定める地方公共団体もある。

2023（令和5）年4月25日付けで、自民党から「犯罪被害者等施策の一層の推進のための提言[7]」が出されたが、そこでは、1 犯罪被害給付制度の抜本的強化、2 犯罪被害者支援弁護士制度の創設、3 司令塔機能の強化が提言されている。これらはすでに日弁連で提言していたところであるが、この自民党の提言により上記②経済的支援③被害者支援弁護士制度について目立った進展をみたといえる。

Ⅳ 犯罪被害者支援のこれから

これからの被害者支援、ということについては、これまでもそうであったように実際には日弁連（犯罪被害者支援委員会及び各弁護士）の活動に負うところが多いということになろう。もちろん、新あすの会や、犯罪被害補償を求める会はじめ各団体にも今後の活動を期待しなければならない。

被害者支援の法・制度・施策ができたあとは行政（及びその現実の担い手としての弁護士）ということになるが、法・制度・施策を実現していくため、現実には日弁連（犯罪被害者支援委員会及び各弁護士）の活動が大きいということになる。その意味で委員会・弁護士の責任は重いと言わざるをえない。

まずは、前述の日弁連が提言した5項目の実現をめざすことになろう。

具体的には、まず犯給法による制度を残すかはともかく犯罪被害者等補償法の成立を実現することである。これがなければ真の意味での被害者・被害者遺族の損害の回復はない。その実現に向かって力を尽くさなければならない。

次に、前述のように被害者支援弁護士制度が実現することになっているが、

---

7 https://www.jimin.jp/news/policy/205921.html（最終閲覧：2024年8月14日）。

その制度の担い手である弁護士の量・質の確保が求められている。そのために
は日弁連はあらためて研修を行うなど量・質の確保に努めなければならない。
それとともに、国は支援弁護士に適正な報酬を与えなければならない。

　性犯罪・性暴力被害者のためのワンストップ支援センターについては、全セ
ンターを病院拠点型にすることは望ましいことであるが、それができなかった
としても、国がそのセンター特に民間が運営しているセンターに財政的支援・
補助をすべきである。

　条例については、鳥取県にはぜひ県条例を制定することと全国の市区町村に
すべて条例を制定するようお願いしたい。

Ⅴ　犯罪被害者庁について

　犯罪被害者のニーズは多種多様であり、関係する機関も多い。いわゆる縦割
り行政の不合理、利便性のなさがある。問題を一括して扱う一元的・統合的・
専門的な官庁が必要である。

　その官庁の役割の第一は被害者からの損害賠償請求に対する対応、すなわち
補償、が中心となろうと考える。それ以外には、関係者（警察官、検察官、弁護
士、自治体等）への教育、社会一般への啓発、被害者支援についての研究、被
害者及び遺族からの相談対応など様々なことが考えられる。

　以上は、犯罪被害者支援の実務においての犯罪被害者庁の有益性、必要性で
あるが、見過ごせないのは、犯罪被害者庁を設置することにより、国の被害者
支援の意欲、覚悟を被害者・被害者遺族、国民に示すことになり、国に対する
信頼・安心に結びつくという効果である。

　前述の自民党の提言は縦割りの不合理と利便性のなさを感じているからこそ
「司令塔的機能」が必要とし、その役割を警察庁にもたせようとするようであ
る。しかし、その役目として警察庁が適切かというと首をかしげざるをえな
い。

　警察法では、警察の責務は「個人の権利と自由を保護し、公共の安全と秩序
を維持する」（警察法2条）ことである。このような警察庁に被害者支援全般に
ついての司令塔機能をもたせるというのはなんとも違和感がある。やはり、既

186　第2部　被害者支援の理論と展望

存の役所ではなく、新たに被害者支援を担う独自の役所が必要ではないか、と考える。

　ここで参考になるのは、ノルウェー、スウェーデンの制度である[8]。

　ノルウェーでは「被害者庁」は2003年に設立された。ノルウェーで被害者庁という官庁は、①被害者への補償と②被害者の具体的な支援が役割で補償金支給申請に対して、その可否や金額を裁定する「暴力犯罪補償庁[9]」と補償金支給に関して不服があるときは審査をする機関である「市民庁」、被害者に対して支払われた補償金を、暴力犯罪補償庁からの業務委託を受け、加害者に対して求償する国家機関である回収庁からなる組織である。

　暴力犯罪保障庁のもとに全国に14カ所（現在9カ所に集約）ある地方事務所が被害者の窓口になっている。

　スウェーデンでは1994年に設立された。①犯罪被害者への補償金の支給②犯罪被害基金の管理③犯罪被害者に関する情報の収集・伝達が主な活動である「犯罪被害者庁[10]」のほか、「強制執行庁」から成る。

　強制執行庁では、犯罪被害者は、まずは加害者に対する損害賠償請求訴訟を提起し、判決の確定を待って、強制執行庁に債権の回収を依頼し、債権の回収を図ることになる。強制執行が功を奏しない場合には、被害者は犯罪被害者庁に補償金の給付の申請をし、経済的な被害回復を受ける。補償金を支払った犯罪被害者庁は、加害者に対してその補償金額の求償を行うが、加害者が任意に支払わない場合には強制執行庁に求償の申請をすることも可能である。

　両国とも加害者から取り立てるために、回収庁、強制執行庁がある。我が国でも犯罪被害者庁を作るとなればこれらの機関が必要となる。これらを犯罪被害者庁の組織内とするか、独立した組織とするかは考慮すべき問題である。

　両国は、我が国とは人口規模も違う高福祉の国であり、被害者・被害者遺族

8　https://www.nichibenren.or.jp/library/ja/committee/list/data/norway_sweden_finland_report.pdf（最終閲覧：2024年8月14日）。

9　齋藤実「ノルウェーにおける犯罪被害者庁の現在──暴力犯罪補償庁及び犯罪被害者支援地方事務所を中心として」獨協法学98号（2015年）1-18頁。

10　矢野恵美「スウェーデンにおける被害者政策の展開」被害者学研究11号（2001年）61-71頁。

第6章　犯罪被害者支援の「これまで」と「これから」　187

のための保険制度もある。我が国に犯罪被害者庁を作るにしても、その組織・制度をそのまま持ち込めるわけがない。日本型の犯罪被害者庁を作るには、組織、権限等の十分な研究が必要であると思われる。

最後に、私ごとであるが、2011（平成23）年6月、私が日弁連犯罪被害者委員会委員長に就任したとき、挨拶文で課題や抱負を述べたあと、「最後に、まだ夢のような話ですが、私は、日本に『犯罪被害者庁』を作りたいという思いがあります。……現在のように、法務省、警察庁、内閣府などそれぞれ行っている業務を一本化して、被害者支援をもっと充実させ、利用しやすいものとすべきであると思います。……」ということを書いた。

あれから10年以上がたち、被害者支援団体やマスコミにも「犯罪被害者庁」という言葉がきかれるようになった。社会が変わってきているのを実感する。今や「夢のような話」ではなくなっている。実現のために努力したいと思う。

第7章	あすの会の歩みとこれからの展望

岡村　　勲、米田　龍玄

Ⅰ　全国犯罪被害者の会（あすの会）の設立

　犯罪被害者は、一生立ち上がれないほどの痛手を受けながら、世間からは好奇と偏見の目で見られ、どこから援助を受けることもなく、苦しみ、隠れるようにして生きてきた。

　葬式も済まないうちから、警察には呼び出され、起訴状も、判決も貰えず、裁判では証拠品のように扱われ、耐え忍ぶだけの存在であった。

　1998（平成10）年12月に岡村勲弁護士が読売新聞に発表した「司法の扉　被害者に開け」と題する小論文が契機となって、5人の犯罪被害者遺族が集まった。それまで知り合うことのなかった5人は、犯罪被害者の悲惨な現状を語り合った。そして、この事を社会に訴え、犯罪被害者の権利と被害回復制度の確立を目指して国に働きかけていこうと決意した。

　2000（平成12）年1月23日の第1回シンポジウムに先立ち、1月13日に記者会見を開き、報道機関を通じて全国の犯罪被害者へ呼びかけた。その第1回シンポジウムは、東京ボランティア・市民センターで開催された。たった5人で始まった会の呼びかけに応じ、全国から290人もの人々が一堂に会した。社会で声をひそめて暮らして来た被害者が、初めて心を許して仲間と出会ったのである。殺人や傷害、レイプなどの被害に遭った人たちが、その後、どんな境遇に置かれたか、どうやって生きながらえてきたのか、堰を切ったように体験談を語り合った。その熱気はすさまじく、出席された諸澤英道先生は「あまりの

1　岡村勲「論点司法の扉　被害者に開け」読売新聞（朝刊）1998（平成10）年12月10日。

悲惨さに頭が真っ白になりました」と挨拶された。その光景を、岡村弁護士
は、文藝春秋2000年7月号に「私は見た犯罪被害者の地獄絵[2]」と題して書い
た。この日、集まった被害者は、その場で、「犯罪被害者の権利」と「被害回
復制度」の確立を目指す全国犯罪被害者の会を立ち上げた。通称を「あすの
会」としたのは、「今日は苦しい、しかし明日はきっと良くして見せる」とい
う被害者の決意を現したものである。

Ⅱ 旧来の日本の刑事司法の実態

　日本では、被害者よりも加害者の人権の方が、はるかに国によって守られて
いる。なぜ犯罪被害者は国によって放置され、ないがしろにされるのか。その
根本的な原因は、日本の法律制度が、加害者中心に組み立てられたからだ。
　あすの会は、それまで当然と思われていたいくつもの日本の司法制度にメス
を入れた。
　あすの会が設立された2000（平成12）年当時、被害者や遺族には、起訴状、
冒頭陳述、捜査資料など、基本的な資料は、何一つ渡されることがなかった。
被害者がどのように殺されてしまったか、どうして殺されなくてはならなかっ
たか、遺族は知る必要などない、日本の刑事司法はそう考えていた。遺族が真
実を知るには、裁判を傍聴するほかない。ところが、裁判の日程を決めるにあ
たり、被害者・遺族の都合は一切顧みられない。一方的に決められた日程に、
どうしても外せない用事があると傍聴できない。そればかりか、裁判の日程す
ら知らされず、問い合わせたときには既に刑事裁判が終わっていたことすら
あった。傍聴席にいても、目撃者や、加害者の供述証拠の全文が朗読されるわ
けではない。現場写真や実況見分調書を見ることもできない。傍聴席の割当て
にも制限がある。被害者の配偶者や直系親族には、裁判所の恩典として与えら
れるが、被害者の配偶者の兄弟は優先傍聴の対象ではないと言われたり被告人
の声が小さいので、傍聴席から「聞こえない、マイクの音量を上げてほしい」

2　岡村勲「私は見た『犯罪被害者』の地獄絵──妻を凶刃に奪われて弁護士が知った司法の
　矛盾」文藝春秋78巻9号（2000年）118-134頁。

と言ったところ、裁判所から、傍聴人に聞かせるために裁判をやっているのではない、と言われたりした例すらあった。

殺人事件などで家族を失った者が何より知りたいのは、当人がどんな死に方をしたか、最後にどんな言葉を発したのか、苦しまなかったのか、ということだ。その時の様子をできるだけ詳しく知りたい。そして、どうしてこのような理不尽な厄災の犠牲にならなくてはならなかったのか、納得のいく説明がほしい。

殺人事件の場合、被害者当人は犯行時の状況について証言することができない。加害者は、死者への冒瀆としか言いようのない、全くの出鱈目な証言を堂々と言い、遺族は全身の血が逆流するほどの怒りに打ち震える。さらに、加害者の言い分が判決文で全面的に採用されると、二重に苦しむことになる。このような、「裁判所による被害者の名誉侵害」がまかり通っていた。

犯罪被害者は、刑事裁判の中では、蚊帳の外、部外者であり、そこにいないものとして扱われていた。

Ⅲ 改 革

あすの会は、2000（平成12）年の設立当初から被害者の刑事司法の参加を訴え、調査を開始した。幾人もの法曹関係者や法学者に意見を聞いたが、被害者の刑事裁判への関与について、いずれも消極的なものばかりであり、被害者は証拠品にすぎなかった。

現状を打破するには、海外の制度を調査研究するしかない。あすの会は顧問弁護団を組み、2002（平成14）年9月15日から29日の2週間にわたり、当時被害者の司法参加が行われていたドイツ、フランス両国の刑事司法を視察した。ドイツでは、犯罪被害者の民間支援団体である「白い環」と「ヒルフェ」、ヴィースバーデンの地方裁判所、連邦司法省、ベルリンの地方検察庁、ベルリン弁護士会、司法省、ミュンヘン大学を、フランスでは、「イナヴェム」、パリの検事局、弁護士会、司法省を訪れた。ドイツは、2002年当時、その20年ほど前までは被害者は、日本と同じく、法廷の柵の外にいて、被害者は傍聴席で見守るだけ、証言のときに利用されるだけの存在であった。しかし、公訴参加が

第7章 あすの会の歩みとこれからの展望　191

導入され、犯罪被害者は証拠品ではない、犯罪被害者は当事者である、という考えが当たり前のものとなっていた。訪独した調査団は、被害者が参加すると、法廷で被害者が報復的、感情的になるかを尋ねた。ヴィースバーデンのクーベ判事はそのようなことはないと述べ、仮に報復的になって手続きが混乱するとしたら、「それは裁判官の責任、裁判官の資質の問題です」と明言した。ベルリンの検察官は、被告人側が法廷戦術として手続きを混乱させることがあっても、被害者はマイナスになるようなことはしない、と述べた。少年事件で被害者と直接対峙させることが更生の妨げになるかとの問いに対し、ミュンヘン大学のシェヒ教授は、被害者と向き合って始めて自分のやったことを理解できるようになり反省の芽が出てくると述べた。

　フランスでは、刑事司法は、国民の信託により国家は社会秩序を維持する義務がある、刑事司法への国民の信頼確保は最重要課題であり、なかんずく被害者は、刑事司法に最も関心を抱くのであるから被害者の信頼なくして、国家の国民に対する信託を確保することができないと考えられていた。フランスでは、もとより被害者が証拠品であるという発想がなく、刑事事件に被害者が参加するのは、当たり前とのことであった。

　ヨーロッパ調査の報告をもとに、日本でも被害者の司法参加実現に意を強くし、翌2003（平成15）年2月の東京新宿を皮切りに街頭署名活動を開始した。その規模、北海道から沖縄まで全都道府県にわたり、1年間で全のべ54都市に及んだ。全国から集めた署名の数は55万7215通にのぼった。SNSやインターネット署名もない時代で、すべて手書きである。署名活動の手順を教えてくれる者もなかった。すべてが会員の手作業であった。

　署名活動を開始して半年が経過した7月8日、杉浦正健元法務大臣（当時は司法制度調査会会長代理）及び保岡興治元法務大臣（当時自民党司法制度調査会会長）を通じて、岡村勲代表幹事を含むあすの会幹事と、当時の小泉純一郎内閣総理大臣との面会が実現した。犯罪被害者のおかれた実情を訴えると、小泉首相は、直ちに党と政府で検討することを約束され、同席した保岡元法相に「党を頼む」と述べられた。

　その後、自民党内の司法制度調査会及び衆議院犯罪被害者保護・救済特別委員会での検討を経て、2004（平成16）年12月に、犯罪被害者等基本法（平成16年

法律第161号、以下「基本法」という。）が成立したのである。

基本法には、「すべての犯罪被害者等は個人の尊厳が重んぜられ、その尊厳にふさわしい処遇が保障される権利を有する」とある。「権利」の2文字が盛り込まれ、明文化された。ようやく犯罪被害者が権利の主体として認知されたのである。

翌2005（平成17）年4月からは、同法に基づいて、犯罪被害者等基本計画策定に向けた検討が開始され、同年12月27日に閣議決定された。ここに、現在の刑事損害賠償命令と被害者参加の原型が明記された。

その後、法制審議会（犯罪被害者部会）において両制度が議論された。2007（平成19）年3月に、いよいよ刑事訴訟法を改正する法案が上程されるに至った。これまで日本では誰も目にしたことのない新しい制度である。あすの会は、被害者参加が導入されたらどのような法廷になるのかを、弁護士が実演する裁判劇を披露した。

ところが、法案審議過程で、最も強硬な反対活動を繰り広げたのが日本弁護士連合会（以下「日弁連」という。）であった。日弁連は、「被害者参加制度を導入することは、刑事裁判の本質に照らし、将来に取り返しのつかない禍根を残すことになる[3]」と述べ、徹底的な反対運動を展開した。同会にとって、人権保障の対象は徹頭徹尾、加害者でしかなく、犯罪被害者に人権はないといわんがごとくであった。しかし、日弁連の意見は、すべての弁護士の意見を代弁するものではない。むしろ法案に反対する勢力は少数である。そのことを示すため、あすの会は、全国の弁護士に法案賛成の署名を求め、のべ2689通の要請書を与野党へ提出した。

2007（平成19）年6月20日、参議院本会議にて法案が可決した。10年の歳月を経て、刑事訴訟法に、犯罪被害者の地位が認められた瞬間であった。

あすの会は、息をつく間もなく、今後は、参加した被害者への旅費日当の支給、国選被害者参加弁護士制度の創設について要請を行った。また、少年法改正意見書を提出し、翌2008（平成20）年には、被害者の少年審判の傍聴に関す

3　https://www.nichibenren.or.jp/document/statement/year/2007/070313.html（最終閲覧：2024年10月29日）

る「少年法の一部を改正する法律」（平成20年法律第71号）が成立した。さらに、凶悪重大犯罪の公訴時効の廃止の要請を行い、同年以降、自民党司法制度調査会、法制審議会での議論を経て、2010（平成22）年4月、殺人罪等の公訴時効を撤廃・延長する「刑法及び刑事訴訟法の一部を改正する法律」（平成22年法律第26号）が成立した。

あすの会は、被害者参加を始め、数々の刑事司法の改革に向けた地道かつ献身的な努力を積み重ねた。

しかし、これらの運動を行った被害者は、いずれも過去の事件の被害者である。どんな制度を作っても、自分達には適用されることはない。法改正による恩典は何一つ受けない。被害者は、皆このことを知りながら、「これからの被害者に、自分達が受けた苦しみを、受けさせたくない」という一心で運動したのである。

経済的補償制度を含め、残された被害者に関する施策は、内閣総理大臣が会長となり、国務大臣及び有識者が委員となる犯罪被害者等施策推進会議及び同会議によって開催される基本計画推進専門委員等会議での検討に委ねられることになった。

一定の改革を実現し、所期の目的を果たした全国犯罪被害者の会（あすの会）は、その役割を終え、2018（平成30年）年6月に解散した。

Ⅳ　新全国犯罪被害者の会（新あすの会）の再結成

あすの会の設立趣意書は、大きく2つの目的があった。犯罪被害者の権利と経済的補償制度の確立である。

犯罪被害者は、一生立ち直れないほどの痛手を受けながら、誰からも支援を受けることなく、経済的、精神的、肉体的に苦しみ続けてきた。市瀬朝一氏の活動により、また、1974（昭和49）年の三菱重工爆破事件が契機となって、昭和55（1980）年に犯罪被害者等給付金支給法が制定された。しかし、犯罪被害者等給付金（犯給金）は、制定当時から低額であることが指摘されていた。犯給金は、本質的には見舞金的な性格で、被害直後の援助を目的としたものであり、被害を受ける前の状態を十分に回復するにはほど遠く、途切れ得ない支援

を意図したものではなかった。加害者が賠償責任を果たすことはなく、被害者だけが泣き寝入りを強いられる状況に大きな変わりはなかった。

被害補償制度について、あすの会は、2004（平成16）年10月にイギリス及びドイツの調査を行った。2度にわたり、犯罪被害者補償制度案要綱（生活補償型）を公表した。

犯罪被害の賠償責任は加害者にあって国にはない。被害者が加害者から賠償金を取り易いような制度を作り、被害者を援助する、というのが国の立場である。しかし、本当にそれでよいのか。ひとたび凶悪犯罪の被害にあえば、日々の生活費にも事欠いてしまい、苦しい生活を強いられ、悲惨な状態に陥る。資力のない加害者から賠償金を得られることはほとんどない。その後、犯給金の支給額が数度にわたり増額されたが、当座の支出で、あっという間に使い切ってしまい、生活保護や親族の援助でかろうじて生活している被害者も少なくない。他にも治療費について、犯罪被害による負傷であっても健康保険を使えることの周知が行き渡っておらず、病院から自費診療で請求を受ける例が後を絶たない。健康保険を使えたとしても自己負担額は被害者が支払わなければならない。通院交通費の蓄積も馬鹿にならない額である。付添看護費、将来の介護費、リハビリ費用、住宅改造費、環境整備費、義足、カウンセリング費用など、将来にわたって支払っていかなければならない金額は膨大にある。

犯給金の金額は、事件前3か月の収入額を基礎に所定の倍数を乗じて一律に算出される。事件の内容や現実の被害の多寡、困窮度などは一切考慮されない。例えば、事件前に偶然離職していた場合には、無収入であったと形式的に判断され、最低支給額となる。不幸な被害が発生する度に、制度上の問題によってわずかな犯給金しか受け取れず、国から十分な支援を受けられずに泣き寝入りしなければならない被害者や遺族が続いた。

犯給金の支給額は、2020（令和2）年まで概ね年間10億円を下回る金額であり、その後増加傾向に転じるが、2022（令和4）年は14億8400万円であった。[4]

ところで、国が加害者のために、出している金額はどのくらいか。加害者は

4　国家公安委員会・警察庁編『令和5年版　犯罪被害者白書』（2023年）9頁では、2020（令和2）年度は8億2500万円であった。その後、やや増加傾向にあり、2021（令和3）年は10億0900万円、2022（令和4）年は14億8400万円であった。

刑務所に入るが、管轄する法務省矯正局の2024（令和6）年度の予算は2354億2892万円である。職員の給与なども含むが、受刑者がいるから支出する金額であり、加害者のために支出される金額である。また、一定程度刑期を終えると仮釈放される。この仮釈放期間や、執行猶予判決になった者、その他少年の保護観察処分、少年院仮退院者は、法務省保護局の保護観察を受ける。この保護局の予算が、同じく2024（令和6）年度で、275億1632万円である。この2つの予算を合計すると、2629億円にのぼる。この金額は、すべての犯罪者に対するものであるから、被害者のない犯罪も含まれるが、そうだとしても、被害者のためには10億円も出さないのと比べると、あまりの落差に愕然とする。

世界に目を転じれば、主要各国が、2022（令和4）年に各国の被害者に支払った補償金額は、フランス497億円、ドイツ492億円、イギリス238億万円、アメリカ471億円、スウェーデンは13億円となっており、わずか8億円強の日本を凌駕する。さらにこれを人口で除し、国民1人当たりの負担額に引き直せば、フランス742円、ドイツ592円、イギリス354円、アメリカ142円、スウェーデン129円となる。これに引き換え、日本はたったの6円である。

刑務所や保護観察への支出をやめろというつもりはないが、加害者のためにこれだけの国費を投じながら、被害者にたった10億円ではあまりに不公平である。

犯罪被害者等基本法の前文には、「犯罪等による被害について第一義的責任を負うのは加害者である」とある。法の考え方は、損害賠償責任を負うのは、加害者であって国ではない。国は被害者が損害賠償を取りやすいような施策を講じてやる、というものである。

ドイツでは、第二次世界大戦で戦病死した軍人の保護を目的とした連邦援護法の考え方の影響を受けて「犯罪被害者補償法」が制定された。国家は権力を独占し、国民から武器を取りあげ、犯罪による危険にさらしたのだから、国民の安全を護るのは国の義務である。犯罪を発生させたのは、国の義務違反だから、国の責任であると考え、軍人が戦死したときと同様に補償する。また、

5　chrome-extension://efaidnbmnnnibpcajpcglclefindmkaj/https://www.moj.go.jp/content/001411315.pdf（最終閲覧：2024年10月29日）

1996年に制定されたイギリスの犯罪被害者補償法は、ドイツとは違い連帯共助の精神で被害者を助けようというものであるが、犯罪類型、被害類型によって細かく分類されて、支出額が加算され、支給総額は日本とは比較にならない。

犯罪被害者等基本法を受け、損害賠償命令が創設されたが、利用数は伸び悩んでいる。その背景には、費用をかけて加害者に対する賠償命令を得たところで、加害者に資力がなく、執行できないことが挙げられる。被害者が、加害者から現実に受け取った賠償額の実勢調査を、日弁連が2015（平成27）年及び2018（平成30）年に実施している。[6] 2015（平成27）年調査によると、被害賠償を受けた被害者は、殺人で3.2％（2018（平成30）年は13.3％）、傷害致死で1.4％（同16.0％）であり、被害回復はほとんどできていない。判決や命令で支払いを命じられても、特に凶悪犯罪では、金銭に窮して犯罪に至ることも多く資力がないことがほとんどである。さらに、加害者は収監されて刑務所の中にいると給与も得ることができず、被害者にすれば、ほとんど取り立てようがない。そうすると費用を投じたところで無駄になる。加害者との関係を断ち切りたいのに、民事裁判が続く間苦しみが続いたり、加害者からの逆恨みを恐れたり、請求しない理由は複数挙げられる。

加害者が自殺したり、行方不明になったりして、損害賠償請求の訴えすら起こせない場合もある。

基本法の前文には、「犯罪等による被害について第一義的責任を負うのは加害者である」とあっても、凶悪重大事件の加害者から賠償金をとることは、実際上、不可能なのである。

同じ前文には、国は「犯罪被害者等の声に耳を傾けなければならない」と書かれているが、あすの会の解散から4年が経っても、国から被害者に支給されるのはわずかな額の犯罪被害者等給付金だけで一向に変わらなかった。

こうした状況を打開する必要を痛感し、2022（令和4）年3月に、元あすの会の会員を中心に、新全国犯罪被害者の会（新あすの会）が再結成された。

新あすの会は、創立大会を開き、被害者のおかれた苦しい現状を訴えた。自

6　chrome-extension://efaidnbmnnnibpcajpcglclefindmkaj/https://www.nichibenren.or.jp/library/ja/committee/list/data/songaibaishouseikyuu_saimumeigi_questionnaire.pdf（最終閲覧：2024年10月29日）

民党の動きは速かった。創立大会に参加され、被害者の訴えを直に聞かれた上川陽子元法務大臣、小泉進次郎元環境大臣が中心となって、自民党議員による議員連盟が結成された。議連の提言を受け、自民党司法制度調査会の犯罪被害者に関するプロジェクトチームで取り上げられ、検討が重ねられた末、犯給金の制度を民事賠償額を見据えたものに抜本的に変えること等を盛り込んだ緊急提言がとりまとめられた。そして、基本計画推進専門委員等会議での決議を経て、2023（令和5）年6月、犯罪被害者施策推進会議において、5つの項目が実施されることが決まった。①犯罪被害給付制度の抜本的強化に関する検討、②犯罪被害者等支援弁護士制度の創設、③国における司令塔機能の強化、④地方における途切れない支援の提供体制の強化、⑤犯罪被害者等のための制度の拡充等である。①について、同年8月から有識者検討会が開始された。

　損害の賠償に加えて制裁金を上乗せする懲罰的賠償のない日本において、民事裁判等で支払が命じられる賠償額は、被害者が被った損害そのものである。被害者が、損害を回復し、日常生活を取り戻すためには、民事損害賠償額が支払われて初めて経済的に被害前に戻るのである。被害者は、精神的、身体的、経済的な損害を被っている。精神的、身体的な損害の回復には困難を伴うが、平穏な生活を取り戻すためには、少なくとも経済的な回復が不可欠である。新あすの会が、国による民事損害賠償債権の買取り（立替え制度）を導入するよう求めたゆえんである。

　買取り（立替え制度）を実現するためには制度の枠組みや組織を構築する必要があり、一定の時間を要する。現に日々犯罪被害者が生じているにもかかわらず、支給額が極めて低水準にとどまっている現状を可及的速やかに改善し、早期救済を実現する必要がある。そこで、段階的に、まずはあまりに低額である現在の支給水準の増額を先行させることとなった。

　前述したとおり、犯給金は、事件前の収入に応じて支給額が算定されるが、ほとんどの事案で支給額は最低額に張り付いており、最低額を引き上げることが全体の支給水準を底上げすることにつながる。また、犯給金は、被害にあった本人の事件前の収入を基準に算定される。しかし、凶悪犯罪の被害、特に生命犯では、被害者本人の収入がなくなるだけでなく、事件の影響によって近親者も収入を得ることができなくなり、世帯全体の家計が困窮する実態がある。

そこで、被害者本人の事件前の収入だけでなく、生計を維持する者の収入も加算し、これにより、遺族給付金は、原則1000万円を超える支給が可能となった。[7]

支給最低額の増額と生計維持家族の収入加算により、犯給金の最低支給額（320万円）は、1000万円を超えるまでに増加したが、上に述べたとおり、これは暫定的に実施されたにすぎない。

また、地方における途切れない支援の提供体制の強化についても、自治体における被害者支援体制についてとりまとめが行われたところである。法務省においても、被害者弁護士制度の具体的制度設計が進められている。

現在の犯罪被害者施策は、基本計画推進専門委員等会議で議論され、犯罪被害者等推進会議で決定される枠組みである。

しかし、新あすの会創立を契機とした上記の各制度改革は、本来とは異なる枠組みでようやく実現した。

他にも、刑事司法に関する改正要望についても、例えば、被害者参加対象事件の拡大や公判前整理手続きへの参加、不起訴等刑事記録開示に関する改善、心神喪失等医療観察法の改正などがある。また、犯罪被害にかかる医療費の現物給付、犯罪被害者証の交付、犯罪被害者等であれば気兼ねなく相談できる保護司類似の制度創設などが挙げられる。

しかし、こうした被害者の要望が強い施策についても、近年の基本計画の改定の状況をみるに、新たな施策が取り入れられることはほとんどなく、新たな施策の検討は遅々として進まない。

現状の基本計画推進専門委員等会議による検討の枠組は、2005（平成17）年の犯罪被害者等基本計画策定の際には極めて有用な方法であったが、その後は、基本計画に大幅な変更が加えられることはなく、各省庁の実施状況の報告が主となり、法改正を含む、犯罪被害者等に寄り添った制度の施策立案などが望めないのではないだろうか。

---

7 「犯罪被害給付制度の抜本的強化に関する有識者検討会　取りまとめ」（令和6年4月）では、遺族給付金の支給最低額の一律引上げ、遺族自身に生じる影響を踏まえた遺族給付金の支給額の増額等が提案された（https://www.npa.go.jp/hanzaihigai/meeting/kyufu_kyouka/kaisai/s_zenbun.pdf（最終閲覧：2024年10月29日））。

国による立替制度の実現に向けて、また、犯罪被害者のための施策は常に犯罪被害者の要望に真摯に耳を傾け、見直し改善改良されていかなければならない。現在の制度がそうなっていないのだとすれば、諸外国の例にもならい、施策を実行し、立案するための犯罪被害者庁の設立が望まれる。

おわりに——「被害者学の現在地」と北欧の犯罪被害者支援

　まずは、ここまでお読みいただいたすべての皆様に、心から感謝を申し上げたい。お付き合いいただき有難うございました。

　本書の執筆者陣は個々の論点ではそれぞれ異なった考えを持つかもしれないが、1つの同じ思いで執筆をした。それは、犯罪被害は私たち一人ひとりに直接関わる問題であり、誰が犯罪被害者になるかは分からず、「犯罪被害という大きな負担を犯罪被害者のみに負わせるべきではない」ということである。

　被害者学や犯罪被害者支援で考えるべき究極の課題は、犯罪被害者の犯罪被害という大きな負担を、どこまで社会がその痛みを分かち合い、その負担を分担するべきか、ということである。社会が犯罪被害の負担を分担すればするほど、より平等を実現した社会と言え、その分担が少なくなれば、平等を実現した社会とは言えなくなる。

　このように考えたときに、私はフィンランドのある社会科教科書[1]が頭に浮かぶ。この教科書では、最初の章に平等の重要性について書いている。なぜ平等が重要であるかという問いに、「平等であることは人の満足度を高め、不平等はみじめさや対立を引き起こす」という。さらに、地域間の平等にも触れており、「どの地域も他の地域を犠牲にして発展してはならない」とする。この「地域」を「人」に読み替えると北欧の平等への価値観が一層明確になる。この一文は犯罪被害者についてもあてはまる。北欧の犯罪被害者支援は、「どの人も犯罪被害者の犠牲のもとに発展してはならない」という考えが反映されている。

　北欧には、犯罪被害者を支援するための弁護士制度、被害者の同意の有無を重視する性犯罪規定、補償法制度、犯罪被害者の刑事裁判への参加制度など、様々な先進的な被害者支援施策がある。このような北欧の犯罪被害者支援の中

1　髙橋睦子監修『政界の教科書シリーズ29　フィンランド中学校現代社会教科書　15歳市民社会へのたびだち』（明石書店、2011年）33-34頁、齋藤実「北欧の『平等』という価値観と刑事政策——北欧の犯罪被害者支援から何を学ぶか」罪と罰60巻1号（2022年）1-4頁。

でも、その最たる施策が「犯罪被害者庁」である。犯罪被害者庁は、1994年にスウェーデンで設立され、その後、2003年にノルウェーでも設立された。両国の犯罪被害者庁は、それぞれの官庁が犯罪被害者を中心に考えて施策を進める。たしかに北欧は高度な福祉国家である。犯罪被害者も福祉施策の恩恵を受け、例えば、医療費の負担はごく一部であり、教育費は無償である。もちろん犯罪被害者も、これらの恩恵を受ける。しかし、これらの支援を受けても、犯罪被害者が損害を回復し、元の生活に戻るためには十分ではない。犯罪被害者は、依然として大きな犠牲を強いられている。この犠牲を犯罪被害者だけに負わせるのではなく、社会で分担し平等な社会を実現するために、犯罪被害者庁を設立したのである。もちろん、北欧であっても財政は無制限ではない。北欧各国の政府は、その限られた財政をどこに割り当てるかを考えたときに、大きな犠牲を強いられている犯罪被害者に割り当てることとした。犯罪被害者に財政を割り当てて初めて、「平等」を実現する社会になると考えたのである。

　翻って、日本はどのような社会であるかを考える必要がある。「どの人も犯罪被害者の犠牲のもとに発展してはならない」という価値観は、北欧のみのものではなく、日本でも同様の価値観が現に存在しているはずである。もっとも、日本では北欧ほどの社会福祉は発達していない。そのため、犯罪被害者は、北欧ほどは、社会福祉の恩恵による支援を受けることができない。とすれば、日本では、北欧以上の水準の犯罪被害者支援を行わなければ、平等な社会は実現されないのである。それにもかかわらず、日本の犯罪被害者支援は北欧の水準には達していない。これが、「被害者学の現在地」から見える、いま現在の日本の姿である。

　では、果たして、「被害者学の現在地」から、将来の日本の姿はどのように見えるだろうか。犯罪被害者庁の設立の検討、国から犯罪被害者への経済的支援のあり方の検討など、まだまだこれから考えるべき課題があることは、本書で紹介した通りである。もっとも、これらの課題が政府の会議等で議論され始めてきていることは、日本の犯罪被害者支援が発展してきた証でもある。とすれば、これから5年、10年先の日本の犯罪被害者支援は大きく変わっていくであろうと信じたいし、変わるはずである。そして、新たな犯罪被害者支援を導入する際には、「犯罪被害という大きな負担を犯罪被害者のみに負わせるべき

ではない」という考え方を基本として、平等な社会を実現するための制度を構築しなければならない。

　このように見てくると、どのような被害者学を構築するか、どのような犯罪被害者支援を講じるかは、単なる学問や施策の問題を超えて、私たちの社会がどのようにあるべきかという問題であることに気が付く。被害者学を考えることは、社会のあり方を考えることでもある。本書では、被害者学の「現在地」から、これまでの私たちの社会、現在の社会、そして将来の社会を考えることを試みた。その試みには至らない点も多々あるかとは思うが、読者の皆様が被害者学を、そして私たちの社会のあり方を考えるきっかけとなり、さらには本書が被害者学の発展に少しでも寄与することができれば、執筆者一同にとっての大きな幸せである。

　　2024年11月

　　　　　　　　　　　　　　琉球大学の研究室から執筆者を代表して

　　　　　　　　　　　　　　　　　齋藤　　実

索　引

あ 行

EU 指令　163

意見陳述（意見等聴取）　2

──制度　42

遺族給付金　125

か 行

開示宣誓　55

カルロス・ゴーン元会長　32

監督者制度　36

求　　償　70, 71

強制執行手続　67, 68, 70

矯正保護庁　158

刑事和解　53

刑の執行段階等における被害者等の心情等の聴取・伝達制度（→心情等伝達制度）　6, 42

強姦救援センター・沖縄（REICO）　89

更生保護における心情等聴取・伝達制度　42

公判前整理手続　138

幸福追求権　132

勾　　留　32

国選被害者参加弁護士　140

──制度　179

個人特定事項　21

個人特定事項秘匿制度　23

国家刑罰権　134, 135

子どもの家　91

さ 行

財産開示制度　54

債務名義　66-71, 145

裁量保釈　35, 37

GPS 端末　38

支援金制度　80

ジェンダーに基づく暴力　110

事実上婚姻関係と同様の事情にあつた者　125

執行不奏功要件　57

司法面接　104

社会連帯共助　151

遮へい措置　2

修復的司法　49

16歳未満の者に対する面会要求等罪　103

女子差別撤廃条約（CEDAW）　110

心情等伝達制度（→刑の執行段階等における被害者等の心情等の聴取・伝達制度）　42

人身損害　154

逗子ストーカー殺人事件　25

ストーカー規制法（ストーカー行為等の規制等に関する法律）　110

制限住居離脱罪　37

性交同意年齢の引き上げ　100

性的グルーミング　103

性的姿態撮影等処罰法　106

性的同意能力　101

性犯罪の保護法益　97

性暴力救援センター・大阪 SACHIKO　89

接近禁止命令　113

全国犯罪被害者の会（あすの会）　2, 133

全国被害者支援ネットワーク　2, 86

相談センター

──拠点型　90

──を中心とした連携型　90

損害賠償命令　3, 53, 67

──制度　68, 180

た 行

退去命令　113

第三者からの情報取得手続　58

立替払制度　149

地下鉄サリン事件　63, 167

付添い人制度　2

DV 相談プラス　113

DV防止法（配偶者からの暴力の防止及び被害者の保護等に関する法律）　109
東京・強姦救援センター　89
当事者主義　134, 135
特化条例（→犯罪被害者等支援条例）　172

な　行

日本司法支援センター　133, 140
日本弁護士連合会　2

は　行

パートナーシップ制度　128
配偶者暴力相談支援センター　112
犯罪およびパワー濫用の被害者のための司法の基本原則宣言　72
犯罪被害給付制度　62, 124, 149, 180
犯罪被害者基金　87, 162
犯罪被害者支援員会　2
犯罪被害者支援弁護士制度　5, 183
　──検討会　16
　──の実務者協議会　16
犯罪被害者庁　8, 143, 153, 169, 170, 176, 186
犯罪被害者等基本計画　3, 64, 68, 69, 134, 179, 193
犯罪被害者等
　──基本法　2, 15, 63, 71, 72, 122, 131, 178, 192
　──給付金　182
　──給付金支給法（犯給法、犯罪被害者等給付金の支給等による犯罪被害者等の支援に関する法律）　1, 62, 124, 178, 180
犯罪被害者等支援条例（→特化条例）　2, 74, 171, 172, 175, 181, 182
犯罪被害者等支援弁護士制度（→被害者支援弁護士制度）　12
犯罪被害者等施策推進会議　3, 142, 183, 198
犯罪被害者等早期援助団体　3, 86
犯罪被害者等補償法　182
犯罪被害者法律援助事業　13
犯罪被害者保護二法　1, 133
犯罪被害補償　159

犯罪被害補償法　183
被害者参加　3
　──制度　8
　──弁護士制度（→犯罪被害者等支援弁護士制度）　12
被害者支援センター　3, 4, 84, 175, 176
被害者支援弁護士　48, 172, 173
　──制度　182
被害者支援弁護士を選任する制度　180
被害者担当官　42
被害者等の聴取結果を記録した録音・録画記録媒体への証拠能力の付与　104
被害者特定事項　21
　──秘匿制度　21
被害者の権利　66, 72
被害者の視点を取り入れた教育　50
ビデオリンク　2
病院拠点型　90
不同意性交等罪　97
不同意わいせつ罪　97
弁護士会照会　54
報告命令制度　36
法制審議会　131, 137
暴力犯罪補償庁　144
保護命令　113
保　釈　31

ま　行

三菱重工（ビル）爆破事件　62, 125, 194
見舞金　80
　──制度　127
　──的性格　151
民間支援団体　84

や　行

4つの無罪判決　96

わ　行

ワンストップ支援センター　4, 84, 170-172, 175, 176, 181, 183

■執筆者紹介（＊は編著者）

＊齋藤　実　国立大学法人琉球大学大学院法務研究科教授・弁護士
序章・第1部第4章・第1部第8章・第2部第3章
日本被害者学会理事（現職）
日本弁護士連合会犯罪被害者支援委員会幹事（現職）
法務省矯正局「刑の執行段階における犯罪被害者等の心情等の聴取・伝達制度」
検討会委員（2022年6月〜同年12月）
法務省矯正局刑事施設における「被害者の視点を取り入れた教育」検討会委員
（2020年9月〜同年11月）

黒井　新　井澤・黒井・阿部法律事務所東京オフィス弁護士（第二東京弁護士会）
第1部第1章
日本弁護士連合会犯罪被害者支援委員会副委員長（現職）
法務省犯罪被害者支援弁護士制度検討会委員（2020年7月〜2021年3月）
法務省犯罪被害者支援弁護士制度・実務者協議会構成員（2021年10月〜2023年
4月）

吉沢　徹　国立大学法人岡山大学学術研究院法務学域教授　　第1部第2章
のぞみ法律事務所弁護士（岡山弁護士会）
日本弁護士連合会犯罪被害者支援委員会委員（現職）
岡山弁護士会犯罪被害者支援委員会委員長（2013年4月〜2015年3月、2019年4
月〜2021年3月）
検察官（2000年4月〜2006年3月）
「刑事手続に関する協議会」の幹事会幹事（2017年3月〜）

天野　康代　港北総合法律事務所弁護士（神奈川県弁護士会）　　第1部第3章
日本弁護士連合会犯罪被害者支援委員会事務局長（現職）
神奈川県弁護士会犯罪被害者支援委員会副委員長（現職）
法務省法制審議会刑事法（逃亡防止関係）部会委員（2020年5月〜2021年10月）
神奈川県弁護士会副会長（2021年4月〜2022年3月）

町村　泰貴　成城大学法学部教授　　第1部第5章

高橋みどり　烏丸法律事務所弁護士（京都弁護士会）　　第1部第6章
日本弁護士連合会犯罪被害者支援委員会委員長（現職）
京都弁護士会犯罪被害者支援委員会委員長（2017年4月〜2020年3月）

北條　正崇（ほうじょう　まさたか）　やすらぎ法律事務所弁護士（奈良弁護士会）　　　　　第1部第7章
日本弁護士連合会犯罪被害者支援委員会委員（現職）
公益社団法人なら犯罪被害者支援センター理事長（現職）
奈良県犯罪被害者等支援施策協議会会長（現職）
なら被害者支援ネットワーク代表（現職）
奈良弁護士会犯罪被害者支援委員会委員長（2004年4月～2007年3月、2017年4月～2020年3月）

長谷川桂子（はせがわけいこ）　長谷川法律事務所弁護士（愛知県弁護士会）　　　　　第1部第9章
日本弁護士連合会犯罪被害者支援委員会副委員長（現職）
愛知県弁護士会犯罪被害者支援委員会委員長（2010年4月～2012年3月）
愛知県弁護士会副会長（2017年4月～2018年3月）
公益社団法人被害者サポートセンターあいち理事（現職）
法制審議会刑事法（性犯罪関係）部会幹事（2021年10月～2023年2月）
法務省犯罪被害者支援弁護士制度検討会委員（2020年7月～2021年3月）
法務省犯罪被害者支援弁護士制度・実務者協議会構成員（2021年10月～2023年4月）

松村　歌子（まつむら　うたこ）　関西福祉科学大学健康福祉学部教授　　　　　第1部第10章
内閣府「DV相談＋（プラス）事業における相談支援の分析に係る調査研究事業」の有識者検討会委員（2021年6月～2024年3月）

立石　直子（たていし　なおこ）　愛知大学法学部教授　　　　　第2部第1章
岐阜市男女共同参画推進審議会委員（2020年6月～2023年3月）
名古屋市男女平等参画審議会委員（2025年4月～）

番　敦子（ばん　あつこ）　諏訪阪法律事務所弁護士（第二東京弁護士会）　　　　　第2部第2章
日本弁護士連合会犯罪被害者支援委員会副委員長（現職）
日本弁護士連合会犯罪被害者支援委員会委員長（2009年6月～2011年5月）
日本弁護士連合会常務理事（2022年4月～2023年3月）
第二東京弁護士会副会長（2014年4月～2015年3月）

＊矢野　恵美（やの　えみ）　国立大学法人琉球大学大学院法務研究科教授　　　　　第2部第4章
琉球大学ヒューマンライツセンターセンター長
沖縄県再犯防止推進計画検討委員会委員（2019年10月～）
沖縄県犯罪被害者等支援審議会会長（2022年10月～）
沖縄県困難な問題を抱える女性への支援のための施策の実施に関する基本的な計画（仮称）策定委員会会長（2023年7月～2024年3月）
沖縄県DV防止法に基づく基本計画策定等委員会会長（2024年1月～）

内閣府「実証的政策立案のための性暴力被害の把握の在り方に関する調査研究事業」検討会委員（2024年8月〜）
大学におけるハラスメント防止等の推進に向けた普及啓発に関する調査研究（文部科学省委託事業）有識者会議委員（2024年8月〜）

合間　利（かんま　とし）

かんま法律事務所弁護士（千葉県弁護士会）　　　　　　　　　**第2部第5章**
日本弁護士連合会犯罪被害者支援員会副委員長（現職）
公益社団法人千葉犯罪被害者支援センター理事（現職）
千葉県弁護士会犯罪被害に関する委員会委員長（2012年6月〜2015年5月）
日本弁護士連合会犯罪被害者支援委員会事務局長（2019年6月〜2023年5月）
法務省法制審議会刑事法（危険運転による死傷事犯関係）部会委員（2020年1月〜同年2月）
法務省犯罪被害者支援弁護士制度・実務者協議会構成員（2021年3月〜2023年4月）
自動車運転による死傷事犯に係る罰則に関する検討会委員（2024年2月〜同年11月）

有田　佳秀（ありた　よしひで）

有田・宮内法律事務所弁護士（和歌山弁護士会）　　　　　　　**第2部第6章**
日本弁護士連合会犯罪被害者支援委員会副委員長（現職）
日本弁護士連合会犯罪被害者支援委員会委員長（2011年6月〜2017年5月）
日本弁護士連合会副会長（2009年4月）

岡村　勲（おかむら　いさお）

岡村綜合法律事務所弁護士（第一東京弁護士会）　　　　　　　**第2部第7章**
新全国犯罪者の会（新あすの会）代表幹事（現職）
法制審議会・刑事法（犯罪被害者関係）部会委員（2006年9月〜2007年3月）
日本弁護士連合会副会長（1987年4月〜1988年3月）
第一東京弁護士会会長（1987年4月〜1988年3月）

米田　龍玄（よねだ　りょうげん）

岡村綜合法律事務所弁護士（東京弁護士会）　　　　　　　　　**第2部第7章**
新全国犯罪者の会（新あすの会）事務局長（現職）
東京弁護士会犯罪被害者支援委員会委員長（2018年4月〜2020年4月）
日本弁護士連合会犯罪被害者支援委員会委員（2018年6月〜2020年5月）

被害者学の現在地
——被害者支援のこれまでとこれから

2025年3月31日 初版第1刷発行

編著者　齋藤　実・矢野恵美

発行者　畑　　光

発行所　株式会社 法律文化社
　　　　〒603-8053 京都市北区上賀茂岩ヶ垣内町71
　　　　電話 075(791)7131　FAX 075(721)8400
　　　　customer.h@hou-bun.co.jp
　　　　https://www.hou-bun.com/

印刷：㈱富山房インターナショナル／製本：㈱吉田三誠堂製本所
装幀：谷本天志

ISBN 978-4-589-04394-8

©2025 M. Saito, E. Yano Printed in Japan

乱丁など不良本がありましたら、ご連絡下さい。送料小社負担にて
お取り替えいたします。
本書についてのご意見・ご感想は、小社ウェブサイト、トップページの
「読者カード」にてお聞かせ下さい。

JCOPY〈出版者著作権管理機構 委託出版物〉

本書の無断複写は著作権法上での例外を除き禁じられています。複写される
場合は、そのつど事前に、出版者著作権管理機構（電話 03-5244-5088、
FAX 03-5244-5089、e-mail: info@jcopy.or.jp）の許諾を得て下さい。

高作正博編

私たちがつくる社会
―おとなになるための法教育―

A5判・232頁・2640円

法という視点をとおして、だれもが〈市民〉となるために必要な知識と方法を学び、実践するための力を涵養する。おとなになる過程のなかで、自分たちが社会をつくるという考え方を育む。日本社会のいまがわかる入門書。北欧に学ぶ法教育の決定版。

松原英世・平山真理・森久智江・前田忠弘著

刑事政策をつかむ

A5判・224頁・2640円

犯罪と社会のかかわりに注目し、犯罪という問題にどのように対応すべきかを考える刑事政策の入門書。犯罪とはなにかを論じたうえで、犯罪をした人への処遇、犯罪被害者といった様々な論点から刑事政策を多角的に学ぶ。

森川恭剛著

性暴力の罪の行為と類型
―フェミニズムと刑法―

A5判・226頁・5280円

禁止される性犯罪を根源的に再考。フェミニズムが提起する「被害者の不同意」の意義の検討を踏まえ、犯罪行為類型の再定位を試みる。「性犯罪」は個人の自由に対する罪でなく平等に対する罪であることを論じ、「性暴力犯罪」の法改正案も提起する。

村尾泰弘編著

家族をめぐる法・心理・福祉
―法と臨床が交錯する現場の実践ガイド―

A5判・220頁・3190円

少年非行、DV、児童虐待、ストーカー、高齢者介護、離婚、面会交流など、広範な問題を取り上る。第1部は法・心理・福祉3領域の知識を解説し、第2部では具体例から問題を考察。第3部は新たな潮流と課題を提示する。

二宮周平・風間孝編著

家族の変容と法制度の再構築
―ジェンダー／セクシュアリティ／子どもの視点から―

A5判・380頁・6160円

法学・社会学を中心とする研究者と実務家が協働し、分野横断的に現代日本の家族をめぐる実態とその変容を分析。法制度の現状と課題を踏み込んで考察し、「血縁・婚姻から意思へ」を基調とする法制度の再構築と具体策を提起する。

菅原郁夫・荒川歩監訳／
石崎千景・榎本 修・遠藤凌河訳

カウンセラーとしての弁護士
―依頼者中心の面接技法―

A5判・454頁・5390円

米国で30年以上読み継がれる依頼者中心型法律相談の手引書。臨床心理学の知見を踏まえ、前半では、依頼者との信頼関係構築のための、後半では依頼者にとって最善の解決策を選び出すための面接技法を伝える。広範な領域の豊富な対話事例を収録。

―法律文化社―

表示価格は消費税10%を含んだ価格です